Das Buch

In diesem Buch hat Erich Fromm zum erstenmal seine Ansichten zur Religion formuliert. Entstanden ist es aus Vorlesungen, die er 1948/1949 an der Yale University gehalten hat. Noch heute, mehr als dreißig Jahre später, sind seine Überlegungen aktuell, denn die Auseinandersetzung um die religiöse Orientierung des Menschen und die Fragen nach dem Sinn des menschlichen Lebens sind keineswegs verstummt. Für Fromm liegt der Grund für die Krankheit der modernen Gesellschaft in der Vernachlässigung der Seele, und genau an diesem Punkt findet er auch die Verknüpfung von Religion und Psychologie. Beiden geht es um die optimale Entfaltung der menschlichen Möglichkeiten, und daher schließen sich eine humanistische Religion, die sich im Gegensatz zur autoritären als Theologie der Befreiung versteht, und der nicht-theistische Humanismus Frommscher Prägung nicht aus. Hat es doch der theologische Seelsorger mit denselben Problemen wie der Seelenarzt zu tun. Fromm zeigt die Beziehung zwischen Psychoanalyse und Religion in ihrer Vielgestaltigkeit, so daß sie weder als unversöhnlicher Gegensatz aufgefaßt noch eine simple Gleichheit der Interessen festgestellt werden können. »Es geht nicht darum, ob der Mensch zur Religion zurückkehrt und an Gott glaubt, sondern ob er die Liebe lebt und die Wahrheit denkt.«

Der Autor

Erich Fromm, Psychoanalytiker, Sozialphilosoph und Autor zahlreicher aufsehenerregender Werke, wurde 1900 in Frankfurt am Main geboren. Nach seiner Promotion 1922 in Heidelberg gehörte er neben Marcuse, Löwenthal, Adorno, Benjamin und Pollock zu dem Kreis junger Gelehrter um Max Horkheimer, zur sogenannten Frankfurter Schule. 1934 emigrierte er in die USA, wo er unter anderem am Psychoanalytischen Institut Chicago, an der Columbia University und an der Michigan State University lehrte. 1950 bis 1965 war er Ordinarius für Psychoanalyse an der Universität von Mexico City. Fromm starb 1980 in Locarno.

Erich Fromm:
Psychoanalyse und Religion

Aus dem Amerikanischen von
Elisabeth Rotten
Überarbeitet von Rainer Funk

Deutscher
Taschenbuch
Verlag

Ungekürzte Ausgabe
April 1985
4. Auflage Oktober 1990
Deutscher Taschenbuch Verlag GmbH & Co. KG, München
© 1950 Erich Fromm
Titel der amerikanischen Originalausgabe:
Psychoanalysis and Religion
Yale University Press, New Haven 1950
© der ersten deutschsprachigen Ausgabe:
1966 Diana Verlag, Zürich
© der deutschsprachigen Ausgabe:
1983 Deutsche Verlags-Anstalt, Stuttgart
ISBN 3-421-01944-04
Umschlaggestaltung: Boris Sokolow
Gesamtherstellung: C. H. Beck'sche Buchdruckerei, Nördlingen
Printed in Germany · ISBN 3-423-15006-8

Inhalt

Dieses Buch kann als Fortsetzung der in ›Man for Himself‹ (1947a) niedergelegten Gedanken angesehen werden, die eine Untersuchung der Psychologie der Ethik sind. Ethik und Psychologie sind einander nahe verwandt, und darum überschneiden ihre Gebiete einander bisweilen. Doch habe ich in diesem Buch versucht, den Schwerpunkt auf die Religion zu legen, während er in ›Man for Himself‹ ganz und gar auf der Ethik lag.

Die in den folgenden Kapiteln dargestellten Ansichten sind keineswegs kennzeichnend für die »Psychoanalyse« überhaupt. Es gibt Psychoanalytiker, die praktizierende Anhänger einer Religion sind, und andere, welche religiöse Interessen für ein Symptom ungelöster emotionaler Konflikte halten. Die Stellung, die in diesem Buche eingenommen wird, weicht von beiden Haltungen ab und ist höchstens charakteristisch für die Überzeugung einer dritten Gruppe von Psychoanalytikern.

An dieser Stelle möchte ich meiner Frau danken, nicht nur für die zahlreichen Anregungen, die ich unmittelbar verwerten konnte, sondern weit darüber hinaus für das, was ich ihrem durchdringenden Forschergeist verdanke und was so viel zu meiner eigenen Entwicklung beigetragen hat, daß meine Gedanken über Religion davon mitgeprägt sind.

Erich Fromm

1
Das Problem

Nie zuvor war der Mensch der Erfüllung seiner liebsten Hoffnungen so nahe wie heute. Unsere wissenschaftlichen Entdeckungen und technischen Errungenschaften befähigen uns, den Tag vorauszusehen, an dem der Tisch für alle Hungrigen gedeckt sein wird – einen Tag, an dem das Menschengeschlecht eine einzige Gemeinschaft bilden und nicht mehr in getrennten Einheiten leben wird. Tausende von Jahren waren nötig für diese Entfaltung der intellektuellen Fähigkeiten des Menschen, für sein wachsendes Vermögen, eine Gesellschaftsordnung aufzubauen und seine Kräfte zweckorientiert zu gebrauchen. Der Mensch hat eine neue Welt mit eigenen Gesetzen und eigenem Schicksal geschaffen. Wenn er seine Schöpfung betrachtet, kann er sagen: Wahrlich, sie ist gut.

Aber was kann er sagen, wenn er sich selbst betrachtet? Ist er der Verwirklichung eines anderen Traumes der Menschheit nähergekommen – dem von der Vervollkommnung des *Menschen*? Des Menschen, der seinen Nächsten liebt, Gerechtigkeit übt, die Wahrheit spricht und das zur Wirklichkeit gemacht hat, was er der Möglichkeit nach ist – das Ebenbild Gottes?

Die Frage aufwerfen, heißt uns Pein bereiten, denn die Antwort ist so schmerzlich eindeutig. Während wir wunderbare Dinge geschaffen haben, versäumten wir, uns selber zu Wesen zu machen, welche dieser gewaltigen Anstrengung wert wären. Unser Leben ist nicht das der Brüderlichkeit, des Glücks und der Zufriedenheit, sondern es gleicht einem geistigen Chaos und einer Verworrenheit, die einem Zustand des Verrücktseins gefährlich nahekommt – nicht jener hysterischen Form, die es im Mittelalter gab, sondern einer Verrücktheit, welche der Schizophrenie verwandt ist, bei der der Kontakt mit der inneren Realität verlorengegangen ist und bei der das Denken vom Gefühl abgespalten ist. Sehen wir uns einiges aus dem Nachrichtenteil der Presse an, wie wir ihn täglich morgens und abends lesen. Als Reaktion auf die Wasserknappheit in New York ermahnen die Kirchen, um Regen zu beten, und gleichzeitig versuchen die Regenmacher, mit chemischen Mitteln Regen herzustellen. Mehr als ein Jahr lang wurde von fliegenden Untertassen berichtet. Die einen bestreiten ihr Vorhandensein, andere erklären sie für wirklich und der eigenen oder einer fremden Militärmacht zugehörig, während wiederum andere ernsthaft behaupten, es seien Maschinen, welche die Bewohner eines anderen Planeten zu uns schickten. Man sagt uns, nie habe Amerika so gute Aussichten auf eine helle Zukunft gehabt wie jetzt um die Jahrhundertmitte; auf derselben Seite wird die Wahrscheinlichkeit eines neuen Krieges erörtert, und die Gelehrten streiten sich darüber, ob die Atomwaffen zur Zerstörung des Erdballs führen werden oder nicht.

Die Leute gehen in die Kirchen und hören Predigten, in denen die Grundsätze der Liebe und der Barmherzigkeit gepriesen werden; und dieselben Leute würden sich für Narren oder Schlimmeres halten, wenn sie Bedenken hätten, einem Kunden etwas aufzuschwatzen, wovon sie wissen, daß es über seine Verhältnisse geht. Kinder lernen in der Sonntagsschule, daß Ehrlichkeit, Lauterkeit und die Sorge um das Seelenheil die leitenden Prinzipien des Lebens sein sollten, während »das Leben« lehrt, daß die Befolgung dieser Grundsätze uns bestenfalls zu weltfremden Träumern macht. Wir haben die erstaunlichsten Möglichkeiten der Mitteilung durch Presse, Rundfunk und Fernsehen, und zugleich werden wir täglich mit einem Unsinn gefüttert, der für den Verstand von Kindern beleidigend wäre, würden diese nicht damit großgezogen. Viele Stimmen verkünden, unsere Lebensweise mache uns glücklich. Aber wie viele Menschen unserer Zeit *sind* glücklich? Es ist interessant, sich an eine zufällige Aufnahme zu erinnern, die kürzlich in der Zeitschrift ›Life‹ erschien. Eine Gruppe von Menschen wartet an einer Straßenecke auf das grüne Licht. Was an diesem Bilde so auffällig war und so aufrüttelnd wirkte, war der im Text erklärte Umstand, daß diese Menschen, die alle wie gelähmt und verängstigt aussahen, nicht etwa einen schrecklichen Verkehrsunfall mitangesehen hatten, sondern beliebige Leute waren, die ihren Geschäften nachgingen.

Wir klammern uns an den Glauben, wir seien glücklich; wir lehren unsere Kinder, daß wir es weitergebracht haben als irgendeine frühere Generation und daß im Endeffekt kein

Wunsch unerfüllbar und nichts uns unerreichbar sein werde. Der äußere Anschein unterstützt diesen Glauben, der uns unablässig eingehämmert wird.

Aber hören unsere Kinder eine Stimme, die ihnen sagt, wohin sie gehen und wofür sie leben? Irgendwie fühlen sie, wie alle menschlichen Wesen, daß das Leben einen Sinn haben muß – aber welchen? Finden sie ihn in den Widersprüchen, in Doppelzüngigkeiten und der zynischen Resignation, der sie auf Schritt und Tritt begegnen? Sie sehnen sich nach Glücksgefühl, nach Wahrheit, nach Gerechtigkeit, nach Liebe, nach einem Objekt der Hingabe – vermögen wir ihr Verlangen zu befriedigen?

Wir sind ebenso hilflos wie sie. Wir kennen die Antwort nicht, weil wir sogar vergessen haben, die Frage zu stellen. Wir geben vor, unser Leben habe eine feste Grundlage, und leugnen die Schatten des Unbehagens, der Angst und der Verwirrung, die uns nie verlassen.

Manche Menschen halten die Rückkehr zur Religion für die Antwort; doch nicht als einen echten Glaubensakt, sondern um quälenden Zweifeln zu entgehen; sie entscheiden sich dafür nicht aus Hingabe, sondern aus Sicherheitsbedürfnis. Wer die gegenwärtige Zeit erforscht und wessen Hauptanliegen nicht die Kirche, sondern die *Seele* des Menschen ist, sieht in einem solchen Schritt ein weiteres Symptom für die Schwäche unserer Lebenskraft.

Diejenigen, welche die Lösung in einer Rückkehr zur traditionellen Religion sehen, sind von einer Auffassung beeinflußt, die häufig von Religionsanhängern vorgebracht wird, nämlich daß wir zu wählen hätten zwischen Religion und einer Lebensweise, die sich einzig um die Befriedigung unserer instinktiven Bedürfnisse und materiellen Annehmlichkeiten kümmert; daß wir, wenn wir nicht an Gott glauben, keinen Grund – und kein Recht – hätten, an die Seele und ihre Forderungen zu glauben. Priester und Seelsorger scheinen die einzigen Berufe zu sein, die sich mit der Seele befassen, die einzigen Anwälte für die Ideale Liebe, Wahrheit und Gerechtigkeit.

Geschichtlich ist dies nicht ganz zutreffend. Während in einigen Kulturen, wie der ägyptischen, die Priester die »Seelenärzte« waren, lag diese Aufgabe z. B. in Griechenland mindestens teilweise in den Händen der Philosophen. Sokrates, Plato und Aristoteles behaupteten nicht, im Namen irgendeiner Offenbarung zu sprechen; vielmehr beriefen sie sich auf die Autorität der Vernunft und auf ihr Anliegen, dem Menschen zum Glück und zur Entfaltung seiner Seele zu verhelfen. Sie beschäftigten sich mit dem Menschen als einem Selbstzweck und sahen in ihm den wichtigsten Gegenstand der Forschung. Ihre Abhandlungen über Philosophie und Ethik waren zugleich Werke der Psychologie. Diese Tradition der Antike hat die Renaissance fortgeführt, und es ist sehr charakteristisch, daß das erste Buch, das in seinem Titel das Wort *Psychologie* enthält, den Untertitel trägt: ›Hoc est, de hominis perfectione‹ (»Das heißt: Von der Vervollkommnung des Menschen«, R. Göckel, 1590). Zur Zeit der Aufklärung erreichte diese Tradition ihren Höhepunkt. Aufgrund ihres Glaubens an die menschliche Vernunft bejahten die Philosophen der Aufklärung, die zugleich Seelenforscher waren, die Unabhängigkeit des Menschen von politischen Fesseln ebensosehr wie von den Banden des Aberglaubens und der Unwissenheit. Sie lehrten ihn, sich gegen Existenzbedingungen zu wehren, welche die Aufrechterhaltung von Illusionen verlangten. Ihre psychologische Forschung wurzelte in dem Versuch, die Bedingungen des menschlichen Glücks zu entdecken. Ein Zustand des Glücklichseins, sagten sie, könne nur erreicht werden, wenn der Mensch innere Freiheit erlangt habe. Nur dann vermöge er geistig gesund zu sein. Doch hat der Rationalismus der Aufklärung bei den darauffolgenden Generationen einen drastischen Wandel erfahren. Berauscht von einem neuen materiellen Wohlstand und vom Erfolg bei der Beherrschung der Natur, hat der Mensch aufgehört, sich selbst für das Wesentliche des Lebens und den wichtigsten Gegenstand der wissenschaftlichen Erforschung zu halten. Statt mit der Vernunft die Wahrheit zu entdecken und mit ihr durch die Oberfläche hindurch zum Wesen der Phänomene vorzudringen, setzte man auf den technischen Verstand als einem bloßen Werkzeug zur Manipulation der Dinge und Menschen. Der Mensch hat aufgehört zu glauben, daß die Kraft der Vernunft die Gültigkeit von Normen und Ideen für das menschliche Verhalten begründen kann.

Dieser Wandel des intellektuellen und emotionalen Klimas

hat einen gewaltigen Einfluß auf die Entwicklung der Psychologie als Wissenschaft gehabt. Ungeachtet gewisser Ausnahmen, wie Nietzsche und Kierkegaard, wurde die Tradition, nach der die Psychologie die Erforschung der Seele im Blick auf des Menschen Tugend und Glück war, verlassen. Die akademische Psychologie beschäftigte sich, indem sie die Naturwissenschaften und deren Laboratoriumsmethoden des Wägens und Zählens nachahmte, mit allem, ausgenommen der Seele. Sie versuchte, jene Aspekte des Menschen zu verstehen, die im Laboratorium geprüft werden können, und behauptete, das Gewissen, die Werturteile, das Wissen um Gut und Böse seien metaphysische Vorstellungen, deren Abklärung außerhalb der Aufgaben der Psychologie liege; sie befaßte sich weit häufiger mit unbedeutenden Problemen, für welche die angeblich wissenschaftlichen Methoden paßten, als mit der Ausarbeitung neuer Methoden zum Studium der wesentlichen Probleme des Menschen. Damit wurde die Psychologie zu einer Wissenschaft, deren Hauptgegenstand, die Seele, fehlte. Sie befaßte sich mit Mechanismen, Reaktionsbildungen, Trieben, jedoch nicht mit den ganz spezifisch menschlichen Phänomenen: mit der Liebe, der Vernunft, dem Gewissen und den Werten. Weil mit dem Wort *Seele* Assoziationen verbunden sind, die auf diese höheren Kräfte des Menschen deuten, benutze ich es hier und in den folgenden Kapiteln häufiger als die Ausdrücke »Psyche« oder »Geist«.

Dann kam Freud, der letzte große Vertreter des Rationalismus der Aufklärung und zugleich der erste, der dessen Grenzen an den Tag brachte. Er wagte es, die Lobgesänge über den Triumph des instrumentellen Verstandesdenkens zu unterbrechen. Er zeigte, daß die Vernunft die wertvollste und eigentümlichste Kraft des Menschen ist, daß sie jedoch der verzerrenden Einwirkung der Leidenschaften unterworfen sei, und daß einzig das Verstehen der Leidenschaften des Menschen seine Vernunft so befreien kann, daß er den richtigen Gebrauch davon macht. Er wies sowohl die Macht als auch die Schwächen der menschlichen Vernunft auf und erhob den Satz »Die Wahrheit wird euch freimachen« (Jo 8,32) zum leitenden Prinzip einer neuen Heilmethode.

Zuerst meinte Freud, er habe es nur mit bestimmten Krankheiten und ihrer Heilung zu tun. Allmählich wurde ihm bewußt, daß er weit über das Gebiet der Medizin hinausgegangen war und eine Tradition wieder aufgenommen hatte, in der die Psychologie, indem sie die Seele des Menschen erforscht, die theoretische Grundlage für die Kunst des Lebens und für das Erlangen von Glück war.

Freuds Methode, die Psychoanalyse, ermöglichte höchst genaue und gründliche Erforschung der Seele. Im »Laboratorium« des Analytikers gibt es keinerlei Geräte. Er kann das Gefundene weder wägen noch zählen; aber Träume, Phantasien und Assoziationen geben ihm einen Einblick in die verborgenen Wünsche und Ängste seiner Patienten. In seinem »Laboratorium«, in dem er sich einzig auf Beobachtung, Vernunft und seine eigene Erfahrung als Mensch verläßt, macht er die Entdeckung, daß geistig-seelische Erkrankungen nur im Zusammenhang mit ethischen Problemen verstanden werden können: daß sein Patient krank ist, weil er die Forderungen seiner Seele vernachlässigt hat. Der Analytiker ist weder Theologe noch Philosoph und will in diesen Bereichen auch nicht kompetent sein. Aber als Seelenarzt hat er es mit genau den gleichen Problemen wie Philosophie und Theologie zu tun: mit der Seele des Menschen und ihrem Heil.

Wenn wir die Aufgabe des Psychoanalytikers in dieser Weise umschreiben, finden wir, daß gegenwärtig zwei Berufsgruppen um die Seele des Menschen bemüht sind: die Priester und die Psychoanalytiker. Wie verhalten sie sich zueinander? Versucht der Psychoanalytiker sich des Bereichs des Priesters zu bemächtigen und ist Gegensätzlichkeit zwischen ihnen unvermeidlich? Oder sind sie Verbündete, die nach den gleichen Zielen streben und deren Arbeitsgebiete sich ergänzen und ineinander übergreifen, sowohl in der Theorie als auch in der Praxis?

Den ersten dieser beiden Standpunkte haben sowohl Psychoanalytiker als auch Kirchenvertreter eingenommen. Freuds ›Die Zukunft einer Illusion‹ (S. Freud, 1927) und Sheens ›Peace of Soul‹[1] betonen den Gegensatz.

---

[1] Ein Beispiel für die unglückliche Art, wie dieses Thema bisweilen behandelt wird, bietet eine Stelle aus Monsignore Sheens ›Peace of Soul‹. Er schreibt: »Freud belastete seine Theorie mit einem unbewiesenen Vorurteil, als er freimütig den Vorwurf seiner Gegner als zutreffend anerkannte: ›Die Maske ist gefallen: Sie (die Psychoanalyse) führt

C. G. Jungs ›Psychologie und Religion‹ (C. G. Jung, 1937) und Rabbi Liebmans ›Peace of Mind‹ (J. L. Liebman, 1946) sind charakteristische Versuche, Psychoanalyse und Religion zu versöhnen. Die Tatsache, daß eine beträchtliche Zahl von Seelsorgern sich mit der Psychoanalyse beschäftigt, ist ein Anzeichen dafür, wie weit dieser Glaube an eine Verbindung von Psychoanalyse und Religion schon in das Gebiet der seelsorgerlichen Praxis eingedrungen ist.

Wenn ich es unternehme, in dieser Schrift das Problem von Psychoanalyse und Religion aufs neue zu erörtern, dann darum, weil ich zeigen möchte, daß es trügerisch ist, ein Entweder-Oder des unversöhnlichen Gegensatzes einerseits oder der Gleichheit der Interessen andererseits aufzustellen. Vielmehr kann eine gründliche und unvoreingenommene Untersuchung zeigen, daß die Beziehung zwischen Religion und Psychoanalyse zu vielgestaltig ist, um mit der einen oder andern dieser beiden einfachen und bequemen Einstellungen gleichgesetzt werden zu können.

Ich möchte zeigen, wie falsch es ist, wenn behauptet wird, wir müßten auf die Beschäftigung mit der Seele verzichten, wenn wir nicht die Lehrsätze der Religion akzeptierten. Der Psychoanalytiker ist in der Lage, die menschliche Wirklichkeit sowohl hinter der Religion als auch hinter den nicht-religiösen Symbolsystemen zu untersuchen. Er kommt zu dem Schluß,

---

zur Leugnung Gottes und eines ethischen Ideals‹« (F. J. Sheen, 1949, dt.: S. 108). Monsignore Sheen erweckt den Eindruck, als gebe diese Stelle Freuds eigene Meinung wieder. Schlägt man sie aber auf, so sieht man, daß der angeführte Satz nach dem hier folgenden steht: ». . .wenn ich jetzt mit so unliebsamen Äußerungen hervortrete, wird man für die Verschiebung von meiner Person auf die Psychoanalyse nur allzu bereit sein. ›Jetzt sieht man, wird es heißen, wohin die Psychoanalyse führt. Die Maske ist gefallen; zur Leugnung von Gott und sittlichem Ideal, wie wir es ja immer vermutet haben. Um uns von der Entdeckung abzuhalten, hat man uns vorgespiegelt, die Psychoanalyse habe keine Weltanschauung und könne keine bilden‹« (S. Freud, 1927c, S. 359). Es ist klar, daß Freud, anstatt seine eigene Meinung auszudrücken, darauf verweist, wie die Leute die Psychoanalyse angreifen werden. Die Entstellung liegt darin, daß man Freud unterstellt, er leugne nicht nur Gott, sondern auch jedes ethische Ideal. Während das erste zutrifft, läuft das zweite der Stellungnahme Freuds zuwider. Monsignore Sheen hat gewiß das Recht zu glauben, die Leugnung Gottes führe zur Leugnung ethischer Ideale, jedoch nicht den Anschein zu erwecken, als sei dies Freuds eigene Meinung. Hätte Monsignore Sheen die Stelle korrekt zitiert, indem er die Worte »wie wir immer angenommen haben« beibehalten oder wenigstens die Auslassung angedeutet hätte, dann wäre der Leser nicht so leicht irregeführt worden.

daß es nicht darum geht, ob der Mensch zur Religion zurück-kehrt und an Gott glaubt, sondern ob er die Liebe lebt und die Wahrheit denkt. Tut er das, dann ist es von zweitrangiger Be-deutung, welchem Symbolsystem er anhängt. Tut er das nicht, so ist es überhaupt ohne Bedeutung.

Freud hat das Problem von Psychoanalyse und Religion in einem seiner tiefgründigsten und geistreichsten Bücher, ›Die Zukunft einer Illusion‹, behandelt. Jung, der der erste Psychoanalytiker war, der verstanden hat, daß Mythen und religiöse Ideen der Ausdruck tiefer Einsichten sind, hat dasselbe Thema in den Terry-Vorlesungen 1937 behandelt (publiziert unter dem Titel ›Psychologie und Religion‹). Wenn ich jetzt versuche, eine kurze Zusammenfassung der Stellungnahme beider Psychoanalytiker zu geben, so geschieht es zu einem dreifachen Zweck:

1. um anzugeben, wo die Diskussion des Problems jetzt steht und welches der Ausgangspunkt für meine Darlegungen ist;

2. um durch die Erörterung von einigen grundlegenden Begriffen Freuds und Jungs die Grundlagen für die Darlegungen der folgenden Kapitel zu geben;

3. um die weitverbreitete Meinung zu korrigieren, Freud sei »gegen« und Jung »für« Religion. Dies wird uns erlauben, das Trügerische solcher Übervereinfachungen in diesem komplexen Bereich einzusehen und die Zweideutigkeit der Ausdrücke »Religion« und »Psychoanalyse« zu untersuchen.

Welche Stellung nimmt Freud zur Religion in ›Die Zukunft einer Illusion‹ ein?

Für Freud liegt der Ursprung der Religion in der Hilflosigkeit des Menschen angesichts der Naturkräfte außer ihm und der Triebkräfte in ihm. Religion entsteht nach Freud in den Frühstadien der menschlichen Entwicklung, wo der Mensch noch nicht imstande ist, seine Vernunft zur Bewältigung dieser äußeren und inneren Kräfte zu gebrauchen; er muß sie entweder verdrängen oder mit Hilfe anderer affektiver Kräfte mit ihnen fertigwerden. Statt diesen Kräften mit Hilfe der Vernunft gewachsen zu sein, bewältigt er sie mit »Gegen-Affekten«, also mit anderen emotionalen Kräften, deren Aufgabe es ist, das zu unterdrücken und zu beherrschen, was er vernünftig zu bewältigen nicht imstande ist.

In diesem Prozeß entwickelt der Mensch das, was Freud eine

»Illusion« nennt, deren Inhalt aus den eigenen Kindheitserfahrungen stammt. Angesichts gefährlicher, unkontrollierbarer und unverständlicher Kräfte innerhalb und außerhalb seiner selbst, erinnert er sich an früher und regrediert auf eine Kindheitserfahrung, als er sich von einem Vater beschützt fühlte, dem er überlegene Weisheit und Stärke zuschrieb und dessen Liebe und Schutz er gewinnen konnte, wenn er seinen Befehlen gehorchte und vermied, seine Verbote zu mißachten.

Auf diese Weise ist die Religion nach Freud eine Wiederholung der Kindheitserfahrung. Der Mensch bewältigt die bedrohlichen Kräfte in eben jener Weise, in der er als Kind lernte, mit seiner eigenen Unsicherheit fertigzuwerden, nämlich dadurch, daß er sich auf seinen Vater verließ, ihn bewunderte und fürchtete. Freud vergleicht die Religion mit den Zwangsneurosen, wie wir sie bei Kindern finden. Und nach ihm ist Religion eine kollektive Neurose, durch ähnliche Bedingungen verursacht wie diejenigen, welche Kinderneurosen hervorrufen.

Freuds Analyse der psychologischen Wurzeln der Religion versucht zu zeigen, *warum* die Menschen auf die Idee von einem Gott kamen. Aber er behauptet, zu mehr als nur zu diesen psychologischen Wurzeln vorzustoßen. Er behauptet, die Irrealität der theistischen Auffassung erwiesen zu haben, indem er sie als eine Illusion beschrieb, die der Wunschwelt des Menschen entspringt.[1]

Freud geht noch über den Versuch, den *Illusionscharakter* der Religion aufzuzeigen, hinaus. Er erklärt die Religion für eine *Gefahr*, weil sie dazu neige, schlechte menschliche Institutionen zu sanktionieren, mit denen sie sich im Verlauf ihrer Ge-

---

[1] Freud stellt selber fest, der Umstand, daß eine Idee einen Wunsch befriedige, bedeute noch nicht *notwendig*, daß sie falsch sei. Weil Psychoanalytiker bisweilen diesen irrigen Schluß gezogen haben, möchte ich diese Bemerkung Freuds unterstreichen. Tatsächlich gibt es viele wahre wie auch falsche Ideen, zu denen der Mensch gelangt ist, weil er wünschte, die Idee möchte wahr sein. Die meisten großen Entdeckungen sind dadurch entstanden, daß jemand voll Interesse herauszufinden wünschte, daß etwas wahr sei. Wenn auch das Vorhandensein eines solchen Interesses den Beobachter argwöhnisch machen kann, so kann es doch niemals die Ungültigkeit einer Konzeption oder einer Feststellung beweisen. Das Kriterium für die Gültigkeit liegt nicht in der psychologischen Analyse der Motivation, sondern im Abwägen des Beweismaterials für oder gegen eine Hypothese im Rahmen der logischen Zusammenhänge der Hypothese.

schichte verbunden habe; ferner, weil sie die Menschen lehre, an eine Illusion zu glauben, und weil sie das kritische Denken verbiete und deshalb für die Verarmung des Vernunftvermögens verantwortlich sei.[2] Diese Anklage wurde, ebenso wie die erste, von den Denkern der Aufklärung gegen die Kirche erhoben. Aber in Freuds Bezugsrahmen bekommt der zweite Vorwurf eine noch größere Bedeutung, als er sie im achtzehnten Jahrhundert hatte. Freud vermochte in seiner analytischen Arbeit zu zeigen, daß, wird in einem Bereich das kritische Denken verboten, dies zu einer Schwächung der kritischen Fähigkeiten auch auf anderen Gebieten führt und damit die Kraft der Vernunft hemmt. Freuds dritter Einwand gegen die Religion lautet, daß sie die Moral auf einen sehr unsicheren Grund stelle. Wenn die Gültigkeit ethischer Normen darauf beruht, daß sie Gottes Gebote sind, so steht und fällt die Zukunft der Ethik mit dem Glauben an Gott. Da Freud als erwiesen ansieht, daß religiöser Glaube mit der Zeit aufhört, muß er zwangsläufig annehmen, daß der Fortbestand der Verbindung von Religion und Ethik zur Zerstörung unserer moralischen Werte führen werde.

Die Gefahren, die Freud in der Religion sieht, machen deutlich, daß seine eigenen Ideale und Werte genau diejenigen sind, die er von der Religion bedroht glaubt: Vernunft, Verminderung des menschlichen Leidens und sittliches Verhalten. Doch brauchen wir uns nicht an Forderungen aus Freuds Kritik an der Religion zu halten. Er hat sehr nachdrücklich gesagt, welches die Normen und Ideale sind, an die er glaubt: Menschenliebe, Wahrheit und Freiheit. Vernunft und Freiheit hängen nach Freud wechselseitig voneinander ab. Wenn der Mensch seine Illusion eines väterlichen Gottes aufgibt, wenn er sich seines Alleinseins und seiner Bedeutungslosigkeit im Universum bewußt wird, wird er wie ein Kind sein, das sein Vaterhaus verlassen hat. Es ist jedoch das eigentliche Ziel der menschlichen Entwicklung, diese infantile Fixierung zu überwinden. Der Mensch muß sich dazu erziehen, der Wirklichkeit ins Ge-

---

[2] Er weist auf den Gegensatz zwischen der ausgezeichneten Intelligenz eines Kindes und der Denkschwäche des durchschnittlichen Erwachsenen hin. Er nimmt an, daß die »innerste Natur« des Menschen nicht so irrational sein dürfte, wie der Mensch aufgrund des Einflusses irrationaler Lehren wird.

sicht zu schauen. Wenn er weiß, daß er sich auf nichts verlassen kann außer auf seine eigenen Kräfte, dann wird er lernen, sie richtig zu gebrauchen. Nur der freie Mensch, der sich von Autorität losgemacht hat – einer drohenden und beschützenden Autorität –, kann seine Vernunftkraft anwenden und objektiv die Welt und seine eigene Rolle darin erfassen, ohne Illusion, aber mit der Fähigkeit, die ihm innewohnenden Gaben zu entwickeln und zu gebrauchen. Nur wenn wir heranwachsen und aufhören, Kinder zu sein, die von einer Autorität abhängen und sie fürchten, können wir wagen, selbst zu denken. Das Umgekehrte ist aber ebenso wahr. Nur durch eigenes Denken vermögen wir uns von der Herrschaft der Autorität freizumachen. In diesem Zusammenhang ist es bedeutsam zu beachten, daß Freud erklärt, das Gefühl der Ohnmacht sei das Gegenteil religiösen Empfindens. Im Hinblick auf die Tatsache, daß viele Theologen – bis zu einem gewissen Grade, wie wir später sehen werden, auch Jung – das Gefühl der Abhängigkeit und Ohnmacht für den Kern religiöser Erfahrung halten, ist diese Aussage Freuds von großem Gewicht. Sie drückt, wenn auch mehr indirekt, seine eigene Auffassung von religiöser Erfahrung aus, nämlich als Gefühl der Unabhängigkeit und als Bewußtwerden der eigenen Kräfte. Ich werde später zu zeigen versuchen, daß dieser Unterschied eines der kritischen Probleme der Religionspsychologie ist.

Wenn wir uns nunmehr Jung zuwenden, finden wir beinahe an jedem Punkt das Gegenteil von Freuds Auffassung. Jung beginnt mit einer Erörterung der allgemeinen Prinzipien seiner Auffassung. Während Freud, ohne beruflich Philosoph zu sein, an das Problem vom psychologischen *und* philosophischen Standpunkt herangeht, wie es William James, Dewey und Macmurray getan haben, erklärt Jung zu Beginn seines Buches ›Psychologie und Religion‹: »Ich beschränke mich auf die Beobachtung von Phänomenen, und ich enthalte mich jeder metaphysischen oder philosophischen Betrachtungsweise« (C. G. Jung, 1937, S. 2). Er fährt fort, indem er auseinandersetzt, warum er als Psychologe die Religion ohne Anwendung philosophischer Gedankengänge analysieren kann. Er nennt seinen Standpunkt »ausschließlich phänomenologisch; das will sagen, er beschäftigt sich mit Vorkommnissen, Ereignissen, Erfahrungen – kurz gesagt, mit Tatsachen. Seine Wahrheit ist ein Tatbestand, kein Urteil. Wenn die Psychologie zum Beispiel von dem Motiv der jungfräulichen Geburt spricht, so beschäftigt sie sich nur mit der Tatsache, daß es eine solche Idee gibt, aber sie beschäftigt sich nicht mit der Frage, ob eine solche Idee in irgendeinem Sinne wahr oder falsch sei. *Die Idee ist psychologisch wahr, insoweit sie existiert.* Psychologische Existenz ist subjektiv, insoweit eine Idee nur in einem Individuum vorkommt. Aber sie ist objektiv, insoweit sie durch einen *consensus gentium* von einer größeren Gruppe geteilt wird« (a. a. O., S. 2; Hervorhebung E. F.).

Ehe ich Jungs Analyse der Religion darstelle, scheint es am Platze, ihre methodologischen Voraussetzungen einer kritischen Prüfung zu unterziehen. Jungs Gebrauch des Begriffs Wahrheit ist unhaltbar. Er behauptet, »die Wahrheit ist ein Tatbestand, kein Urteil«, und »ein Elefant ist wahr, weil er existiert« (a. a. O., S. 2 f.).

Jung vergißt, daß die Wahrheit sich immer und notwendigerweise auf ein Urteil bezieht und nicht auf die Beschreibung einer Erscheinung, die wir mit unseren Sinnen wahrnehmen und mit einem Wortzeichen benennen. Jung stellt fest, eine Idee sei »psychologisch wahr, insofern sie existiert« (a. a. O., S. 2). Aber eine Idee »existiert« unabhängig davon, ob sie eine Wahnidee ist oder einem Sachverhalt entspricht. Das Vorhandensein einer Idee macht sie noch in keinem Sinne »wahr«. Sogar der praktizierende Psychiater könnte nicht arbeiten, ohne sich um die Wahrheit einer Idee zu kümmern, das heißt, um die Beziehung der Idee zu jenem Phänomen, das sie darstellen will. Ansonsten könnte er nicht von einer Wahnidee oder einem paranoiden System sprechen. Aber Jungs Ansatz ist nicht nur vom psychiatrischen Standpunkt her unhaltbar; er vertritt einen Relativismus, der, wiewohl Jung – oberflächlich gesehen – der Religion freundlicher gegenüberzustehen scheint als Freud, beispielsweise dem Juden- und dem Christentum sowie dem Buddhismus dem Geiste nach prinzipiell entgegengesetzt ist. Denn diese Religionen betrachten das Streben nach Wahrheit als eine der Kardinaltugenden und -verpflichtungen des Menschen und bestehen darauf, daß ihre Lehren, ob sie durch Offenbarung oder nur kraft der Vernunft zustande gekommen sind, dem Kriterium der Wahrheit unterworfen sind.

Jung ist nicht blind gegenüber den Schwierigkeiten seiner Position, aber die Art, wie er sie zu lösen sucht, ist leider völlig unhaltbar. Er versucht, zwischen »subjektiver« und »objektiver« Existenz zu unterscheiden, obwohl die Dehnbarkeit dieser Ausdrücke offenkundig ist. Jung scheint zu denken, daß etwas Objektives gültiger und wahrer ist als etwas nur Subjektives. Sein Kriterium für den Unterschied zwischen subjektiv und objektiv hängt davon ab, ob eine Idee nur in einem Individuum lebendig ist oder von einer Gesellschaft aufgestellt ist. Aber waren wir nicht Zeuge einer *folie à millions*, der Verrücktheit ganzer Gesellschaften in unserem eigenen Zeitalter? Haben wir nicht erlebt, daß Millionen von Menschen, von irrationalen Leidenschaften verführt, an Ideen glaubten, die nicht weniger wahnsinnig und irrational sind als die Hirngespinste eines einzigen Individuums? Was hat es zu bedeuten, wenn man sie für »objektiv« erklärt? Die Geisteshaltung, aus der heraus zwischen subjektiv und objektiv unterschieden wird, ist die gleiche wie bei jenem Relativismus, von dem ich oben sprach. Genauer gesagt, es handelt sich dabei um einen soziologischen Relativismus, der die gesellschaftliche Billigung einer Idee zum Maßstab für ihre Gültigkeit, ihren Wahrheitsgehalt oder ihre »Objektivität« macht.[3]

Nach der Darlegung dieser methodologischen Voraussetzungen legt Jung seine Ansichten über das Zentralproblem dar: »Was ist Religion? Welches ist die Natur religiöser Erfahrungen?« Seine Definition wird von vielen Theologen geteilt. Sie kann kurz so zusammengefaßt werden: Das Wesen religiöser Erfahrungen ist die Unterwerfung unter Mächte, die höher sind als wir selbst. Doch sollten wir lieber Jung selbst zitieren. Er erklärt: Religion ist »eine *sorgfältige und gewissenhafte Beobachtung* dessen, was Rudolf Otto treffend das ›Numinosum‹ genannt hat, nämlich eine dynamische Existenz oder Wirkung, die nicht von einem Willkürakt verursacht wird. *Im Gegenteil, die Wirkung ergreift und beherrscht das menschliche Subjekt,*

---

[3] Vgl. die Erörterungen über universale im Vergleich zu gesellschaftlich-immanenter Ethik in E. Fromm, 1947a.

22

welches immer viel eher ihr Opfer denn ihr Schöpfer ist« (C. G. Jung, 1937, S. 3; Hervorhebung am Ende E. F.). Nach der Definition der religiösen Erfahrung als Ergriffenwerden von einer Macht außer uns fährt Jung fort, den Begriff des Unbewußten als einer religiösen Größe zu interpretieren. Nach ihm kann das Unbewußte nicht einfach ein Teil des individuellen Geisteslebens sein, es ist vielmehr eine von uns unabhängige Macht, die sich unserem Geist aufdrängt. »Die Tatsache, daß man die Stimme (des Unbewußten) im eigenen Traum wahrnimmt, beweist gar nichts, denn man kann auch die Straßengeräusche wahrnehmen, und es würde niemandem einfallen, solche als die *eigenen* zu bezeichnen. Es gibt nur eine einzige Bedingung, unter der man die Stimme legitimerweise die *eigene* nennen könnte, wenn man nämlich annimmt, die bewußte Persönlichkeit sei der Teil eines Ganzen oder ein kleinerer Kreis, der in einem größeren enthalten ist. Ein kleiner Bankangestellter, der seinem Freund die Stadt zeigt und auf das Bankgebäude hinweist mit den Worten: ›Und das hier ist *meine* Bank‹, macht von demselben Vorrecht Gebrauch« (C. G. Jung, 1937, S. 42).

Es ist eine notwendige Schlußfolgerung aus dieser Definition der Religion und des Unbewußten, wenn Jung zu dem Ergebnis kommt, angesichts der Natur des Unbewußten sei dessen Einfluß auf uns »ein grundlegendes religiöses Phänomen« (a. a. O., S. 41). Daraus folgt weiter, Dogma und Traum seien beides religiöse Phänomene, weil beide der Ausdruck des Ergriffenseins von einer Macht außer uns sind. Es braucht nicht hinzugefügt zu werden, daß nach der Logik Jungs Geisteskrankheit ein eminent religiöses Phänomen genannt werden müßte.

Hält die populäre Meinung, Freud sei ein Feind und Jung ein Freund der Religion, unserer Prüfung der Haltung beider gegenüber der Religion stand? Ein Vergleich ihrer Ansichten zeigt, daß jene Behauptung eine irreführende Vereinfachung ist.

Freud ist der Auffassung, das Ziel der menschlichen Entwicklung sei die Erreichung folgender Ideale: Erkenntnis (Vernunft, Wahrheit, *Logos*), Menschenliebe, Verminderung des Leidens, Unabhängigkeit und Verantwortungsgefühl. Diese Ideale bilden den ethischen Kern aller großen Religionen, auf denen die westliche und die östliche Kultur beruht: der Lehren des Konfuzius und Lao-tse, Buddhas, der Propheten und Jesu. Gewiß gibt es bestimmte Akzentverschiebungen zwischen diesen Lehren, zum Beispiel, wenn Buddha den Ton auf die Verminderung des Leidens legt, die Propheten auf Einsicht und Gerechtigkeit, Jesus auf die Menschenliebe; dennoch ist es erstaunlich, bis zu welchem Grade diese religiösen Lehrer in bezug auf das Ziel der menschlichen Entwicklung und die Normen, nach denen der Mensch sich zu richten habe, übereinstimmen. Freud spricht im Namen des ethischen Kerns der Religion und kritisiert ihre theistisch-übernatürlichen Seiten, sofern sie die volle Verwirklichung dieser ethischen Zielsetzungen hindern. Er erklärt die theistisch-übernatürlichen Auffassungen als Stadien der menschlichen Entwicklung, die einstmals notwendig und förderlich waren, jetzt aber nicht länger nötig und tatsächlich ein Hindernis für weiteres Wachstum seien. Darum ist die Behauptung, Freud sei »gegen« Religion, irreführend, außer wenn wir scharf auseinanderhalten, *welche* Religion oder welchen Aspekt von Religion er kritisiert und für welchen er sich einsetzt.

Für Jung ist eine religiöse Erfahrung durch ein spezifisches Gefühlsmoment gekennzeichnet: Unterwerfung unter eine höhere Macht, sei diese nun Gott genannt oder das Unbewußte. Zweifellos ist dies eine zutreffende Charakteristik eines bestimmten Typs religiöser Erfahrungen – innerhalb der christlichen Konfessionen bildet sie zum Beispiel den Kern der Lehren Luthers und Calvins –, während sie im Widerspruch steht zu einem andern Typ religiöser Erfahrung, etwa dem im Buddhismus lebendigen. In ihrem Relativismus gegenüber der Wahrheit steht Jungs Auffassung von Religion im Gegensatz zum Buddhismus, zum Judentum und zum Christentum. Denn in diesen Religionen ist die Verpflichtung des Menschen, nach der Wahrheit zu forschen, eine unabdingbare Forderung. Die ironische Frage des Pilatus »Was ist Wahrheit?« ist ein Symbol für eine antireligiöse Haltung nicht nur vom Standpunkt des Christentums, sondern ebensosehr von dem aller großen Religionen.

Um die Positionen Freuds und Jungs auf eine kurze Formel

zu bringen: Freud widersetzt sich der Religion im Namen der Ethik – eine Haltung, die zweifellos »religiös« genannt werden kann. Jung beschränkt die Religion auf ein psychologisches Phänomen und erhebt gleichzeitig das Unbewußte zu einem religiösen Phänomen.[4]

---

[4] Es ist interessant, festzustellen, daß Jungs Position in ›Psychologie und Religion‹ in vieler Hinsicht von William James vorweggenommen wurde, während die Position Freuds in wichtigen Punkten der Einstellung Deweys gleicht. William James nennt die religiöse Haltung eine »abhängige und opferfreudige Einstellung, die der Mensch zu dem von ihm anerkannten Göttlichen einnehmen muß« (W. James, 1929, S. 51; dt.: S. 40). Wie Jung vergleicht er das Unbewußte mit der Gottesvorstellung der Theologen. Er schreibt: »Zugleich wird doch die theologische These, der Fromme werde durch eine äußere Macht geleitet, festgehalten, denn es gehört zu den Eigentümlichkeiten der Einbrüche aus der unterbewußten Region, sich als objektiv auszugeben und dem Betreffenden den Eindruck zu erwecken, er werde von außen geführt« (a. a. O., S. 503; dt.: S. 396). In dieser Verbindung des Unbewußten (oder in James' Terminologie des Unterbewußten) mit Gott sieht James das Bindeglied zwischen der Religion und der Wissenschaft der Psychologie.

John Dewey unterscheidet Religion und religiöse Erfahrung. Nach seiner Auffassung haben die übernatürlichen Dogmen der Religion die religiöse Haltung des Menschen geschwächt und untergraben. »Die Gegensätzlichkeit zwischen religiösen Werten, wie ich sie auffasse, und den Religionen kann nicht überbrückt werden. Eben weil die Inkraftsetzung dieser Werte so wichtig ist, muß auf ihre Identifizierung mit religiösen Glaubensbekenntnissen und Kultformen verzichtet werden« (J. Dewey, 1934, S. 28). Wie Freud erklärt er: »Die Menschen haben niemals die ihnen innewohnenden Kräfte vollauf benutzt, um das Gute im Leben zu fördern, weil sie auf eine Macht außer ihnen und außerhalb der Natur warteten, um sie die Arbeit tun zu lassen, die zu leisten ihre Verantwortung wäre« (a. a. O., S. 46). Vgl. auch John Macmurrays Position in ›The Structure of Religious Experience‹ (1936). Er betont den Unterschied zwischen den rationalen und den irrationalen, sentimentalen und schädlichen religiösen Gefühlen. Im Gegensatz zu der relativistischen Haltung, die Jung einnimmt, erklärt er: »Keine gedankliche Tätigkeit kann gerechtfertigt werden, sofern sie nicht Wahres und Gültiges hervorbringt und sich von Irrtum und Unrichtigkeit freimacht« (a. a. O., S. 54).

3

Analyse einiger Typen
religiöser Erfahrung

Jede Erörterung über Religion ist durch eine ernste terminologi-
sche Schwierigkeit behindert. Obwohl wir wissen, daß es außerhalb des Monotheismus viele Religionen gab und gibt, verbinden
wir doch die Vorstellung von Religion mit der von einem System, das um Gott und übernatürliche Kräfte kreist; wir neigen
dazu, die monotheistische Religion als den Bezugsrahmen anzusehen, von dem aus wir alle anderen Religionen zu verstehen und
einzuschätzen suchen. Daher wird es zweifelhaft, ob Religionen
ohne Gott, wie der Buddhismus oder der Taoismus oder der
Konfuzianismus, Religionen im eigentlichen Sinne genannt werden können. Weltliche Systeme wie die gegenwärtigen autoritären Gebilde werden keinesfalls Religionen genannt, obwohl sie,
psychologisch gesprochen, diese Bezeichnung verdienten. Wir
haben einfach kein Wort, mit dem wir die Religion als allgemein
menschliches Phänomen bezeichnen könnten, ohne daß sich die
Vorstellung eines bestimmten Religionstyps einschliche und den
Begriff färbte. Mangels eines solchen Ausdrucks werde ich in
den folgenden Kapiteln das Wort Religion gebrauchen, doch
möchte ich von Anfang an klarstellen, daß ich darunter jedes
System des Denkens und Tuns verstehe, das von einer Gruppe
geteilt wird und dem Individuum einen Rahmen der Orientierung und ein Objekt der Hingabe bietet.

In der Tat gibt es keine Kultur in der Geschichte – und es
scheint, daß es auch in Zukunft keine geben wird –, die nicht
Religion in diesem weiten Sinne mit einschlösse. Doch brauchen
wir nicht bei dieser bloß beschreibenden Feststellung stehen zu
bleiben. Das Studium des Menschen führt uns zu der Erkenntnis, daß das Bedürfnis nach einem gemeinsamen Orientierungssystem und einem Objekt der Hingabe in den Bedingungen des
menschlichen Daseins tief verwurzelt ist. In ›Man for Himself‹
habe ich versucht, die Natur dieses Bedürfnisses zu analysieren,
und ich füge die betreffenden Stellen dieses Buches hier ein:

»Bewußtsein seiner selbst, Vernunftsbegabung und Vorstellungsvermögen haben jene ›Harmonie‹ zerrissen, die für das tierische Dasein charakteristisch ist. Ihr Auftreten hat den Menschen zu einer Abnormität gemacht, zu einer Laune des Universums. Er ist ein Teil der Natur, ist ihren physikalischen Gesetzen unterworfen und kann diese Gesetze nicht ändern; dennoch transzendiert er die übrige Natur. Er ist von der Natur abgeteilt und zugleich ein Teil von ihr; er ist heimatlos und ist trotzdem an die gleiche Heimat gebunden, die er mit allen Geschöpfen gemeinsam hat. An einem zufälligen Ort und zu einem zufälligen Zeitpunkt wird er in die Welt geworfen, ebenso zufällig wird er aus ihr vertrieben. Wenn er sich seiner selbst bewußt wird, erkennt er die eigene Ohnmacht und die Grenzen seiner Existenz. Er sieht sein Ende voraus: den Tod. Nie kann er sich von der Dichotomie der eigenen Existenz freimachen. Er kann sich nicht von seiner Geistigkeit befreien, auch wenn er es wollte; er kann nicht von seinem Körper frei werden, solange er lebt – und sein Körper veranlaßt ihn, leben zu wollen.

Die Vernunftbegabung, des Menschen Segen, ist auch sein Fluch. Sie zwingt ihn, sich unablässig mit der Lösung seiner an sich unlösbaren Dichotomie zu beschäftigen. Darin unterscheidet sich die menschliche Existenz von der aller übrigen Organismen. Sie befindet sich in einem Zustand ständiger und unvermeidlicher Unausgeglichenheit. Das Leben des Menschen kann nicht gelebt werden, indem die Verhaltensmuster der Gattung einfach nur wiederholt werden; jeder einzelne muß es selbst leben. Der Mensch ist das einzige Lebewesen, das sich langweilt, unzufrieden ist und sich aus dem Paradies ausgeschlossen glaubt. Die eigene Existenz ist ihm zu einem Problem geworden, das er lösen muß und dem er nicht entfliehen kann. Er kann nicht auf einen vormaligen Zustand der Harmonie mit der Natur regredieren; er muß vorwärts schreitend seine Vernunft entwickeln, bis er selbst zum Herrn über die Natur und zum Herrn über sich selbst geworden ist.

Das Aufkommen der Vernunftbegabung hat eine Dichotomie im Menschen geschaffen, die ihn zwingt, unablässig nach neuen Lösungen zu suchen. Die Dynamik seiner Geschichte ist mit der Existenz der Vernunft unlösbar verknüpft. Sie veranlaßt ihn, sich zu entwickeln und dadurch die ihm eigene Welt zu schaffen, in der er sich mit sich selbst und seinen Mitmenschen zu Hause fühlen kann. Jede Stufe, die er erreicht, läßt ihn unbefriedigt und verwirrt ihn. Und diese Verwirrung zwingt ihn, neue Lösungen anzustreben. Einen angeborenen ›Fortschrittstrieb‹ gibt es beim Menschen nicht. Es ist der Widerspruch der eigenen Existenz, der den Menschen auf der begonnenen Bahn fortschreiten läßt. Da er das Paradies – die Einheit mit der Natur – verloren hat, wurde er zum ewigen Wanderer (Odysseus, Ödipus, Abraham, Faust). Er ist gezwungen, vorwärts zu gehen und muß mit andauernder Anstrengung das Unbekannte zu erkennen suchen, indem er die Lücken seines Wissens mit Antworten ausfüllt. Über sich und den Sinn der eigenen Existenz muß er sich selbst Rechenschaft geben. Um diesen inneren Zwiespalt zu überwinden, drängt es ihn – getrieben von einem Willen nach ›Absolutheit‹ –, eine andere Art von Harmonie zu finden, die den Fluch von ihm nimmt, durch den er von der Natur, seinen Mitmenschen und sich selbst getrennt wurde . . .

Die Disharmonie der Existenz des Menschen erzeugt Bedürfnisse, die weit über die hinausgehen, die in seinem animalischen Ursprung begründet liegen. Diese Bedürfnisse bewirken einen drängenden Wunsch, die Einheit und das Gleichgewicht zwischen sich und der übrigen Natur wiederherzustellen. Der Mensch macht den Versuch, diese Einheit und dieses Gleichgewicht vor allem gedanklich wieder zu erreichen. Er konstruiert ein umfassendes Weltbild, das ihm als Bezugsrahmen dient, von dem er eine Antwort auf die Fragen nach seinem Platz in der Welt und seinen Aufgaben ableiten kann. Derartige Gedankensysteme sind jedoch nicht ausreichend. Wenn der Mensch nur körperloser Intellekt wäre, könnte er sein Ziel durch ein umfassendes Gedankensystem erreichen. Da er aber ein Wesen ist, das sowohl Körper wie Geist besitzt, muß er auf die Widersprüche seiner Existenz nicht nur denkend reagieren, sondern auch im Lebensvollzug, in seinem Fühlen und Handeln. Er muß danach streben, Einheit und Einssein auf allen Ebenen seines Seins zu erfahren, um so ein neues Gleichgewicht zu finden. Deshalb erfordert ein befriedigendes Orientierungssystem nicht nur intellektuelle Elemente, sondern auch solche des Gespürs und des Gefühls, die in allen Bereichen des menschlichen Lebens aktiv zu verwirklichen sind. Die Hingabe an ein

Ziel, an eine Idee oder an eine Macht, die den Menschen transzendiert, wie zum Beispiel Gott, ist der Ausdruck dieses Bedürfnisses nach Ganzheit im Lebensvollzug ...

Da das Bedürfnis nach einem System der Orientierung und Hingabe einen wesentlichen Bestandteil des menschlichen Daseins ausmacht, ist die Intensität dieses Bedürfnisses zu verstehen. Tatsächlich gibt es keine stärkere Energiequelle im Menschen. Der Mensch kann nicht frei entscheiden, ob er ›Ideale‹ haben will oder nicht, aber er hat die freie Wahl zwischen verschiedenen Arten von Idealen, zwischen der Möglichkeit, Macht und Destruktion zu verehren oder sich Vernunft und Liebe hinzugeben. Alle Menschen sind ›Idealisten‹ und suchen etwas, das über die Befriedigung des rein Körperlichen hinausgeht. Sie unterscheiden sich nur in den Idealen, an die sie glauben. Sowohl die höchsten wie auch die ganz teuflischen Manifestationen des menschlichen Geistes sind nicht Ausdruck des Fleisches, sondern des Geistes, das heißt, dieses Idealismus. Gefährlich und irreführend ist deshalb die relativistische Auffassung, das bloße Vorhandensein eines Ideals oder eines religiösen Gefühls sei an sich schon wertvoll. Wir müssen alle Ideale, einschließlich derjenigen, die in weltlichen Ideologien in Erscheinung treten, als Ausdruck desselben menschlichen Bedürfnisses betrachten und sich danach beurteilen, wieviel Wahrheit sie enthalten, in welchem Maße sie der Entfaltung menschlicher Kräfte dienen und bis zu welchem Grade sie dem menschlichen Bedürfnis nach Ausgeglichenheit und Harmonie in seiner Welt tatsächlich entgegenkommen« (E. Fromm, 1947a, GA II, S. 30f., 34 und 36).

Was ich über den Idealismus des Menschen gesagt habe, trifft auch für sein religiöses Bedürfnis zu. Es gibt keinen Menschen, der nicht ein religiöses Bedürfnis hätte, ein Bedürfnis nach einem Rahmen der Orientierung und nach einem Objekt der Hingabe. Aber diese Feststellung sagt uns noch nichts über den besonderen Zusammenhang, in dem dieses religiöse Bedürfnis sich kundtut. Der Mensch kann Tiere, Bäume, Idole aus Gold oder Stein, einen unsichtbaren Gott, einen heiligen Menschen oder teuflische Führer anbeten; er kann seine Vorfahren, seine Nation, seine Klasse oder Partei, das Geld oder den Erfolg vergöttern; seine Religion kann der Entwicklung von Destruktivität oder von Liebe, von Beherrschung oder von Brüderlichkeit förderlich sein; sie kann die Kraft seiner Vernunft stärken oder lähmen. Der Mensch mag sein Orientierungssystem als ein religiöses ansehen, das sich von demjenigen im weltlichen Bereich unterscheidet, oder er mag glauben, er habe keine Religion, und seine Hingabe an gewisse, angeblich säkulare Ziele wie Macht, Geld oder Erfolg, für nichts weiter halten als eine Angelegenheit von etwas Nützlichem und Praktischem. Die Frage lautet nicht: *ob Religion oder ob nicht?*, sondern: *welche Art von Religion?* Fördert sie die Entwicklung des Menschen, die Entfaltung der spezifisch menschlichen Kräfte, oder lähmt sie die Kräfte?

Eigentümlicherweise stimmen die Interessen des hingegebenen Religionsanhängers und des Psychologen in dieser Hinsicht überein. Dem Theologen ist viel an den spezifischen Lehren einer Religion gelegen, an der seinen wie an anderen, denn worauf es ihm ankommt, ist die Wahrheit seines Glaubens gegenüber den anderen. Ebenso ist dem Psychologen viel an den spezifischen Inhalten einer Religion gelegen, denn ihm kommt es darauf an, welche menschliche Haltung eine Religion ausdrückt und welche Wirkung sie auf den Menschen hat, ob sie für die Entwicklung seiner Kräfte gut oder schlecht ist. Er interessiert sich nicht nur für den Aufweis der *psychologischen Wurzeln* der verschiedenen Religionen, sondern auch für ihren *Wert*.

Die These, das Bedürfnis nach einem Rahmen der Orientierung und nach einem Objekt der Hingabe sei in den Bedingungen der menschlichen Existenz begründet, scheint weitgehend bestätigt durch die Tatsache, daß Religion eine universale geschichtliche Erscheinung ist. Diese Bemerkung ist von Theologen, Psychologen und Anthropologen gemacht und ausgearbeitet worden, so daß es für mich nicht nötig ist, mich darüber zu verbreiten. Ich möchte einzig betonen, daß die Anhänger der traditionellen Religion sich diesbezüglich häufig auf eine trügerische Argumentation eingelassen haben. Zwar beginnen sie mit einer so großzügigen Definition der Religion, daß darunter jedes Phänomen religiöser Art verstanden werden kann. Aber ihre Auffassung bleibt mit der der monotheistischen Religionsform verbunden; so kommen sie dazu, alle nicht-monotheistischen Religionen als Vorläufer oder Abweichungen von der »wahren« Religion anzusehen, und enden damit, daß sie zu beweisen suchen, der Glaube an Gott im Sinne der westlichen Religionsüberlieferung sei dem Menschen eingeboren.

Der Psychoanalytiker, dessen »Laboratorium« der Patient ist und der ein teilnehmender Beobachter des Denkens und Fühlens anderer Menschen ist, vermag noch einen weiteren Erweis dafür beizubringen, daß irgendein Bedürfnis nach einem Rahmen der Orientierung und nach einem Objekt der Hingabe zum Menschen gehört. Beim Studium von Neurosen entdeckt er, daß er Religion erforscht. Es war Freud, der die Verbindung zwischen Neurose und Religion erkannte; während er jedoch Religion als kollektive Kindheitsneurose der Menschheit interpretierte, kann man es auch umgekehrt auslegen. Wir können in der *Neurose eine private Form der Religion* sehen, genauer gesagt, eine Rückkehr zu primitiven Religionsformen im Konflikt mit offiziell anerkannten Grundformen religiösen Denkens.

Man kann eine Neurose unter zwei Gesichtspunkten betrachten. Man kann das Augenmerk auf die neurotischen Erscheinungen selber richten, auf die Symptome und andere besondere Lebensschwierigkeiten, welche die Neurose erzeugt. Oder man beschäftigt sich nicht mit dem sozusagen Positiven, nämlich mit der Neurose, sondern mit dem Negativen, der Unfähigkeit des Neurotikers, die wichtigsten Ziele menschlicher Existenz zu erreichen: Unabhängigkeit und die Fähigkeit, produktiv zu handeln, zu lieben und zu denken. Wem es nicht gelungen ist, zur Reife und Ganzheit zu gelangen, der verfällt einer Neurose irgendwelcher Art. Er vermag nicht einfach »dahinzuleben«, unbelastet von diesem Mißlingen, und zufrieden damit, zu essen und zu trinken, zu schlafen, den Sexualtrieb zu befriedigen und seine Arbeit zu tun. Wäre dem so, dann hätten wir den Beweis, daß die religiöse Haltung zwar vielleicht wünschenswert, jedoch kein der menschlichen Natur tief innewohnender Zug wäre. Aber die Erforschung des Menschen zeigt, daß es sich nicht so verhält. Wenn es einem Menschen nicht geglückt ist, seine Energien auf sein »höheres Selbst« hin zu entfalten, lenkt er sie auf niedrigere Ziele. Wenn er keine Vorstellung von der Welt und seiner Stellung in ihr hat, die der Wahrheit annähernd entspricht, schafft er sich ein Trugbild und klammert sich daran mit der gleichen Zähigkeit, mit der ein Religionsanhänger an seinen Dogmen hängt. Es ist wahr: »Der Mensch lebt nicht von Brot allein« (Mt 4,4). Er hat einzig die Wahl zwischen besseren oder schlechteren, höheren oder niedrigeren, wohltuenden oder zerstörerischen Formen von Religion oder Weltanschauung.

Welches ist die religiöse Situation in der gegenwärtigen westlichen Gesellschaft? Sie ähnelt auf seltsame Art dem Bilde, das der Anthropologe beim Studium der Religion der nordamerikanischen Indianer gewinnt. Sie sind zur christlichen Religion bekehrt, aber ihre alten vorchristlichen Religionsvorstellungen wurden damit keineswegs aufgegeben. Das Christentum ist ein Firnis, der über ihre alte Religion gelegt wurde und sich mit dieser vielfach verschmolzen hat. In unserer eigenen Kultur bilden die monotheistische Religion und ebenso atheistische und agnostische Philosophien einen dünnen Firnis über die Religionen, die in mancher Beziehung weit »primitiver« sind als die indianischen, und die als reiner Götzendienst mit den wesentlichen monotheistischen Lehren sogar noch weniger vereinbar sind. Als kollektive und mächtige Form modernen Götzendienstes finden wir die Anbetung der Macht, des Erfolgs und der Autorität des Marktes. Aber neben diesen kollektiven Formen sehen wir noch etwas anderes. Wenn wir die Oberfläche des modernen Menschen ankratzen, entdecken wir eine große Zahl individualisierter primitiver Religionsformen. Viele davon werden als Neurosen bezeichnet; doch können wir ihnen ebensogut die betreffenden religiösen Namen geben: Ahnenkult, Totemismus, Ritualismus, Reinlichkeitskult und so fort.

Gibt es wirklich noch etwas wie Ahnenkult? Gewiß, er ist eine der weitverbreitetsten primitiven Kultformen innerhalb unserer Gesellschaft, und es verändert das Bild durchaus nicht, wenn wir ihn, wie es der Psychiater tut, eine neurotische Vater- oder Mutterbindung nennen. Wir wollen einen solchen Fall des Ahnenkults miteinander betrachten. Eine schöne, hochbegabte Frau, eine Malerin, war so stark an ihren Vater gebunden, daß sie jedem näheren Kontakt mit Männern auswich. Ihre gesamte Freizeit verbrachte sie mit ihrem Vater, einem angenehmen, aber ziemlich langweiligen Mann, der früh verwitwet war. Außer für ihre Malerei interessierte sie sich für nichts als ihren Vater. Die Art, wie sie ihn anderen gegenüber darstellte, wich grotesk von der Wirklichkeit ab. Nach seinem Tode beging sie Selbstmord und hinterließ ein Testament mit der einzigen Verfügung, sie wolle an seiner Seite beerdigt werden.

In einem anderen Fall führte ein sehr intelligenter und begabter Mann, von jedermann geachtet, ein geheimes Leben, das völlig der Verehrung seines Vaters gewidmet war, der, milde gesagt, ein hartnäckiger Draufgänger war, der sich einzig für den Erwerb von Geld und gesellschaftlichem Prestige interessierte. Die Vorstellung des Sohnes von seinem Vater war jedoch die des weisesten, liebevollsten und zärtlichsten Vaters, von Gott beauftragt, dem Sohn den richtigen Weg zu zeigen. Jedes Tun und jeder Gedanke des letzteren war darauf ausgerichtet, ob es dem Vater gefallen würde oder nicht, und da dieser im wirklichen Leben gewöhnlich nicht mit ihm einverstanden war, fühlte der Patient sich meistens »in Ungnade« und strebte leidenschaftlich danach, die Billigung des Vaters wiederzugewinnen, sogar noch Jahre nach dessen Tode.

Der Psychoanalytiker versucht, die Ursachen solcher pathologischer Bindungen herauszufinden, und hofft, den Patienten von einer solchen verkrüppelten Vaterverehrung befreien zu helfen. Hier aber interessieren uns nicht die Ursachen und nicht der Heilungsprozeß, sondern das Phänomen an sich. Wir beobachten, wie die Abhängigkeit von einem Vater dessen Tod mit unverminderter Stärke um Jahre überdauert, das Urteil des Patienten trübt, ihn unfähig zum Lieben macht und ihn wie ein Kind in beständiger Unsicherheit und Furcht leben läßt. Dieser Aufbau des persönlichen Lebens um einen Vorfahren, die Verausgabung beinahe aller Energie auf dessen Verehrung unterscheidet sich nicht von religiösem Ahnenkult. Er liefert einen Bezugsrahmen und ein Einheit schaffendes Prinzip für die Hingabe. Auch hier gilt, daß der Patient nicht einfach geheilt wird, indem man ihm die Unvernunft seines Verhaltens nachweist und auf den Schaden, den er sich selbst zufügt, hinweist. Oft weiß er dies intellektuell, sozusagen mit einem Teil seines Selbst, aber gefühlsmäßig ist er seinem Kult völlig hingegeben. Nur wenn sich ein tiefgehender Wandel in seiner gesamten Persönlichkeit vollzieht, wenn er frei wird *zum* Lieben und Denken, zur Auffindung eines neuen Brennpunktes der Orientierung und der Hingabe, wird er auch frei *von* der sklavischen Verehrung seines Vaters. Erst wenn er fähig ist, sich einer höheren Form der Religion zuzuwenden, kann er sich selbst von seiner niederen Form befreien.

Zwangsneurotiker zeigen vielerlei Formen eines privaten Rituals. Jemand, dessen Leben um Schuldgefühle und um das Bedürfnis nach Versöhnung kreist, wird vielleicht den Waschzwang als vorherrschendes Ritual seines Lebens annehmen. Ein anderer, dessen Zwangsneurose sich mehr im Denken als im Handeln äußert, wird sich ein Ritual schaffen, das ihn zwingt, bestimmte Formeln, die Unglück abwehren oder Erfolg gewährleisten sollen, zu denken oder zu sprechen. Ob wir dergleichen neurotische Systeme oder Rituale nennen, hängt von unserem Gesichtspunkt ab; in Wahrheit *sind* diese Symptome Rituale einer privaten Religion.

Gibt es Totemismus in unserer Kultur? Es gibt ihn häufig – obwohl die Menschen, die daran leiden, gewöhnlich nicht das Bedürfnis nach psychiatrischer Hilfe haben. Jemand, dessen Hingabe ausschließlich dem Staat oder einer politischen Partei gilt, dessen einziges Kriterium des Wertes und der Wahrheit das Staats- oder Parteiinteresse ist und dem die Fahne als Symbol seiner Gruppe etwas Heiliges bedeutet, huldigt einer Religion der Klan- oder Totemverehrung, auch wenn es sich in seinen Augen um ein völlig rationales System handelt (woran natürlich alle Anhänger einer primitiven Religion glauben). Wenn wir verstehen wollen, warum Systeme wie Faschismus oder Stalinismus Millionen von Menschen in Bann halten können, so daß sie bereit sind, ihre Rechtschaffenheit und ihre Vernunft dem Grundsatz »Recht oder Unrecht, es ist mein Vaterland« zu opfern, dann sind wir gezwungen, das Totemistische als die religiöse Qualität ihrer Orientierung zu betrachten.

Eine andere Form der Privatreligion, die in unserer Kultur weit verbreitet, wenn auch nicht vorherrschend ist, ist die Religion der Reinlichkeit. Die Anhänger dieser Religion haben einen hauptsächlichen Wertmaßstab, mit dem sie ihre Mitmenschen beurteilen – Reinlichkeit und Ordentlichkeit. Dieses Phänomen trat auffallend zutage in der Reaktion amerikanischer Soldaten während des letzten Krieges. Oft mit ihren politischen Überzeugungen uneins, beurteilten viele von ihnen Alliierte und Feinde vom Standpunkt dieser Religion. Die Engländer und die Deutschen hatten nach diesem Wertmaßstab einen hohen Rang, die Franzosen und Italiener einen niedrigen. Diese Religion der Reinlichkeit und Ordentlichkeit ist dem Wesen nach nicht allzu verschieden von gewissen hoch ritualistischen Religionssystemen, die sich um den Versuch bewegen, durch Reinigungsrituale das Böse zu bannen und in der strikten Befolgung ritueller Ordnung Sicherheit zu finden.

Es gibt einen wichtigen Unterschied zwischen einem religiösen Kult und einer Neurose, der den Kult der Neurose überlegen macht, nämlich hinsichtlich des Gewinns an Befriedigung. Stellen wir uns vor, der Patient mit der neurotischen Fixierung an seinen Vater lebte in einer Kultur, in welcher der Ahnenkult die allgemeine Praxis ist, dann könnte er seine Gefühle mit seinen Mitmenschen teilen und fühlte sich selbst nicht isoliert. Es ist eben dieses Gefühl des Isoliertseins, des Ausgeschlossenseins, das den schmerzenden Stachel jeder Neurose bildet. Selbst die irrationalste Orientierung gibt dem einzelnen, wenn sie von einer nennenswerten Anzahl Menschen geteilt wird, das Gefühl des Einsseins mit anderen und damit ein gewisses Maß an Sicherheit und Stetigkeit, die dem Neurotiker fehlt. Es gibt nichts noch so Unmenschliches, Böses oder Irrationales, was nicht, wenn es von einer Gruppe geteilt wird, Trost spenden kann. Den überzeugendsten Beweis für diese Feststellung liefern jene Ausbrüche von Massenwahn, die wir erlebt haben und deren Zeugen wir immer noch sind. Wenn eine Doktrin, wie irrational sie auch sein möge, erst einmal Macht in einer Gesellschaft gewonnen hat, werden Millionen Menschen eher an sie glauben, als sich ausgestoßen und isoliert fühlen zu müssen.

Diese Gedanken führen zu einer wichtigen Überlegung hinsichtlich der Funktion der Religion. Wenn der Mensch so leicht auf eine primitivere Form von Religion zurückfällt, haben dann nicht die heutigen monotheistischen Religionen die Aufgabe, ihn vor einer solchen Regression zu schützen? Ist nicht der Glaube an Gott eine Absicherung gegen den Rückfall in Ahnenkult, Totemismus und Anbetung des Goldenen Kalbes? Dies wäre in der Tat so, als hätte die Religion es verstanden, den Charakter des Menschen gemäß den von ihr vertretenen Idealen zu prägen. Aber historische Religionen haben immer wieder vor den weltlichen Mächten kapituliert und mit ihnen paktiert. Sie haben sich weit mehr mit gewissen Dogmen befaßt als mit der Ausübung von Liebe und Demut im täglichen Leben. Sie haben es versäumt, weltliche Mächte unablässig und unnachgiebig zur Rechenschaft zu ziehen, wo diese den Geist des religiösen Ideals verletzt haben. Im Gegenteil, sie haben sich wieder und wieder an solchen Verletzungen beteiligt. Wären die Kirchen die Wächter nicht nur der Worte, sondern auch des Geistes der Zehn Gebote und der Goldenen Regel, dann wären sie wirksame Kräfte, die die Regression auf die Götzenverehrung verhindern könnten. Da dies jedoch eher die Ausnahme als die Regel ist, muß die Frage gestellt werden – nicht von einem antireligiösen Standpunkt, sondern aus Sorge um die Seele des Menschen: Können wir den Religionen zutrauen, für die Befriedigung der religiösen Bedürfnisse zu sorgen, oder müssen wir nicht diese Bedürfnisse von den organisierten, traditionellen Religionen abtrennen, um den Zusammenbruch unseres Moralsystems zu verhindern?

Bevor wir uns zu einer Antwort auf diese Frage entschließen, müssen wir uns klarwerden, daß keine vernünftige Diskussion unseres Problems möglich ist, solange wir uns mit Religion im allgemeinen beschäftigen, anstatt zwischen verschiedenen Typen von Religion und religiöser Erfahrung zu unterscheiden. Es würde den Rahmen dieses Kapitels weit überschreiten, wollten wir versuchen, alle Typen von Religion zu berücksichtigen. An dieser Stelle können wir nicht einmal alle jene Typen besprechen, die vom psychologischen Standpunkt von Interesse sind. Ich werde mich darum hier auf nur eine Unterscheidung beschränken, die meines Erachtens die wichtigste ist und die quer durch nicht-theistische Religionen geht: auf die Unterscheidung zwischen autoritären und humanistischen Religionen.

Welches ist das Prinzip autoritärer Religion? Die Definition der Religion im Oxford Dictionary, womit die Religion an sich gemeint ist, ist eine ziemlich genaue Beschreibung autoritärer Religion. Sie lautet: [Religion ist] »die Anerkennung einer höheren, unsichtbaren Macht von seiten des Menschen; einer Macht, die über sein Schicksal bestimmt und Anspruch auf Gehorsam, Verehrung und Anbetung hat«.

Hier wird der Schwerpunkt auf die Anerkenntnis gelegt, daß der Mensch von einer außerhalb von ihm liegenden Macht beherrscht wird. Aber dies allein macht noch nicht die autoritäre Religion aus. Ausschlaggebend ist die Vorstellung, diese Macht habe wegen der Herrschaft, die sie ausübt, *Anspruch* auf »Gehorsam, Verehrung und Anbetung«. Ich habe das Wort »Anspruch« hervorgehoben, weil es zeigt, daß der Grund für Anbetung, Gehorsam und Verehrung nicht in den sittlichen Eigenschaften der Gottheit liegt, nicht in ihrer Liebe und Gerechtigkeit, sondern in der Tatsache, daß ihr die Herrschaft, also die Macht über den Menschen zusteht. Weiterhin bedeutet das, daß die höhere Macht ein Recht hat, den Menschen zu zwingen, sie anzubeten, und daß Mangel an Verehrung und Gehorsam Sünde bedeuten.

Das wesentliche Element autoritärer Religion und autoritärer religiöser Erfahrung ist die Unterwerfung unter eine Macht jenseits des Menschen. Die Haupttugend bei diesem Typ von Religion ist Gehorsam, die Kardinalsünde Ungehorsam. In dem Maße, als die Gottheit als allmächtig oder allwissend dargestellt wird, ist im Gegensatz dazu der Mensch macht- und bedeutungslos. Nur insofern er durch völlige Unterwerfung die Gnade oder Hilfe der Gottheit erwirbt, vermag er Stärke zu empfinden. Die Unterwerfung unter eine machtvolle Autorität ist einer der Wege, auf denen der Mensch dem Gefühl des Alleinseins und der Begrenztheit entgeht. Beim Akt der Unterwerfung verliert er seine Unabhängigkeit und Integrität als Individuum, aber er gewinnt das Gefühl, von einer Ehrfurcht erweckenden Macht beschützt zu sein, von der er sozusagen ein Teil wird.

In Calvins Theologie finden wir ein lebendiges Bild des autoritären, theistischen Denkens. »Denn ich nenne es nicht Demut«, sagt Calvin, »wenn wir meinen, uns bliebe noch etwas übrig ... Wir können aber nicht die rechte Meinung von uns haben, ohne daß alles zerschmettert wird, was an uns rühmenswert erscheint ... Die hier geforderte Demut ist die ungeheuchelte Niedrigkeit unseres Herzens, das vor dem ernsten Empfinden seines Elends und seiner Armut erschrocken ist; denn so ist sie einheitlich im Wort Gottes beschrieben« (J. Calvin, 1955, S. 496).

Die Erfahrung, die Calvin hier beschreibt, die Verachtung all dessen, was in einem ist, die Unterwerfung des Denkens aus der Empfindung der eigenen Nichtigkeit, macht den Grundgehalt aller autoritären Religionen aus, einerlei, ob sie in weltliche oder theologische Sprache gekleidet sind. (Vgl. E. Fromm, 1941 a, GA I, S. 300–322.) Gemäß autoritärer Religion ist Gott das Symbol von Macht und Stärke, er ist über alles erhaben, weil er die überlegene Macht besitzt, und der Mensch ist im Gegensatz dazu vollkommen ohnmächtig.

Autoritäre weltliche Religion folgt demselben Prinzip. Hier wird der »Führer« oder der »Vater seines Volkes« oder der Staat oder die Rasse oder das sozialistische Vaterland zum Gegenstand der Anbetung; das Leben des einzelnen wird bedeutungslos, und der Wert des Menschen besteht gerade in der Verleugnung seines Wertes und seiner Stärke. Häufig stellt eine autoritäre Religion ein so abstraktes und fernliegendes Ideal auf, daß es kaum eine Beziehung zum wirklichen Leben und wirklichen Menschen hat. Das Leben und das Glück von Personen kann Idealen, wie dem »Leben nach dem Tode« oder der »Zukunft der Menschheit«, aufgeopfert werden; die angeblichen Ziele rechtfertigen alle Mittel und werden zu Symbolen, in deren Namen religiöse oder weltliche »Eliten« das Leben ihrer Mitmenschen beherrschen.

Humanistische Religion hingegen bewegt sich um den Menschen und seine Stärke. Der Mensch muß seine Kraft der Vernunft entwickeln, um sich selbst, seine Beziehung zum Mitmenschen und seine Stellung im Universum zu verstehen. Er muß die Wahrheit erkennen, sowohl hinsichtlich seiner Grenzen, als auch seiner Möglichkeiten. Er muß seine Kräfte der Liebe für andere, aber auch für sich selbst, zum Wachsen bringen und muß die Solidarität mit allen lebenden Wesen erfahren. Er braucht Prinzipien und Normen, die ihn zu diesem Ziele führen. Religiöse Erfahrung bei dieser Art von Religion heißt Erfahrung des Einsseins mit dem All, gegründet auf der Bezogenheit zur Welt, wie sie jemand in Denken und Liebe erfaßt. Das Ziel des Menschen in einer humanistischen Religion besteht darin, seine größte Stärke, nicht seine äußerste Ohnmacht zu erreichen; Selbstverwirklichung ist Tugend, nicht Gehorsam. Glaube bedeutet Sicherheit der Überzeugung, die auf jemandes Erfahrung im Denken und Fühlen aufbaut, nicht aber die Annahme von Lehrsätzen, aufgrund der Achtung vor dem, der sie vorgibt. Die vorwiegende Stimmung ist Freude, während sie in autoritären Religionen in Leid und Schuld besteht.

Insofern humanistische Religionen theistisch sind, ist Gott das Symbol für *des Menschen eigene Kräfte,* die er in seinem Leben zu verwirklichen sucht, und nicht ein Symbol für Gewalt und Herrschaft, also für *Macht über den Menschen.*

Beispiele humanistischer Religionen sind der Frühbuddhismus, der Taoismus, die Lehren Jesajas, Jesu, Sokrates', Spinozas, gewisse Strömungen in jüdischen und christlichen Religionen (besonders mystische), die Religion der Vernunft in der Französischen Revolution. Hieraus leuchtet ein, daß die Unterscheidung zwischen autoritärer und humanistischer Religion quer durch die Unterscheidung zwischen theistisch und nicht-theistisch geht und zwischen Religionen im engeren Sinn und philosophischen Systemen religiösen Charakters. Worauf es bei allen ankommt, ist nicht das Gedankensystem an sich, sondern die menschliche Haltung, die ihren Doktrinen zugrunde liegt.

Eines der besten dieser Beispiele für eine humanistische Religion ist der Frühbuddhismus. Buddha ist ein großer Lehrer, er ist der »Erleuchtete«, der um die Wahrheit der menschlichen Existenz weiß. Er spricht nicht im Namen einer übernatürlichen Macht, sondern der Vernunft. Er ruft jedermann auf, die eigene Vernunft zu gebrauchen und die Wahrheit zu erkennen, die er selbst nur als erster gefunden hat. Wenn der Mensch den ersten Schritt zur Erkenntnis der Wahrheit getan hat, muß er alle seine Kräfte anstrengen, um so zu leben, daß er seine Kräfte der Vernunft und der Liebe gegenüber allen menschlichen Wesen entwickelt. Nur in dem Maße, in dem er dies erreicht, kann er sich von den Fesseln der irrationalen Leidenschaften befreien. Während der Mensch nach der buddhistischen Lehre seine Grenzen anerkennen muß, soll er sich ebensosehr seiner eigenen Kräfte bewußt werden. Das Nirwana als ein Geisteszustand, den der ganz Erwachte erreichen kann, ist kein Zustand der Ohnmacht und Unterwerfung des Menschen, sondern im Gegenteil ein Zustand der Entwicklung der höchsten Kräfte, die ein Mensch besitzt.

Folgende Geschichte von Buddha ist sehr charakteristisch:

Ein Hase saß einmal unter einem Mangobaum und schlief.

Plötzlich hörte er ein lautes Geräusch. Er glaubte, das Ende der Welt sei gekommen, und begann zu laufen. Als die anderen Hasen ihn laufen sahen, fragten sie: »Warum rennst du so schnell?« Er antwortete: »Die Welt geht unter.« Als sie dies vernahmen, schlossen sich alle seiner Flucht an. Als das Wild die Hasen laufen sah, fragten die Tiere: »Warum rennt ihr so?«, und die Hasen antworteten: »Die Welt geht unter«, worauf das Wild mitzulaufen begann. So gesellte sich eine Tiergattung nach der andern zu den schon rennenden Tieren, bis das ganze Tierreich auf panischer Flucht war, die mit seinem Untergang hätte enden müssen. Als Buddha, der damals als weiser Mann lebte – eine seiner vielen Daseinsformen –, die Tiere in ihrer Panik rennen sah, fragte er die der letzten Gruppe, die sich der Flucht angeschlossen hatte, warum sie so rannten. »Weil die Welt untergeht«, sagten sie. »Das kann nicht wahr sein«, entgegnete Buddha. »Die Welt geht nicht unter. Laßt uns herausfinden, warum sie das glauben.« Nun forschte er bei einer Gattung nach der anderen nach und folgte der Spur des Gerüchts zurück bis zum Wild und schließlich zu den Hasen. Als diese ihm sagten, sie liefen, weil die Welt untergehe, fragte er, welcher bestimmte Hase ihnen das gesagt habe. Sie zeigten auf den einen, der diese Aussage gemacht hatte, und Buddha wandte sich zu ihm und fragte: »Wo warst du und was tatest du, als du dachtest, die Welt ginge unter?« Der Hase antwortete: »Ich saß unter einem Mangobaum und schlief.« »Wahrscheinlich hast du eine Mangofrucht fallen hören. Das Geräusch weckte dich, und du bekamst Angst und glaubtest, die Welt gehe unter. Wir wollen zu dem Baum zurückgehen, unter dem du saßest und nachsehen, ob es so war.« Und sie gingen beide zu dem Baum. Da sahen sie, daß wirklich eine Mangofrucht herabgefallen war, wo der Hase gesessen hatte. So bewahrte Buddha das Tierreich vor dem Untergang.

Ich erzähle diese Geschichte nicht nur deshalb, weil sie eines der frühesten Beispiele einer analytischen Erforschung der Wurzeln von Furcht und Gerüchten ist, sondern weil sie so typisch für den buddhistischen Geist ist. Sie zeigt liebevolle Sorge für die Geschöpfe der Tierwelt und gleichzeitig eine tiefgehende, rationale Einsicht und Vertrauen in des Menschen Kräfte.

Der Zen-Buddhismus, eine spätere Sekte im Buddhismus, drückt sogar eine noch radikalere antiautoritäre Haltung aus. Zen regt an, eine Erkenntnis habe nur dann einen Wert, wenn sie aus uns selbst herausgewachsen sei. Keine Autorität, kein Lehrer könne uns wirklich etwas lehren, ausgenommen, daß er Zweifel in uns erwecke. Worte und Gedankensysteme seien gefährlich, weil sie sich leicht in Autoritäten verwandeln, die wir anbeten. Das Leben selbst müsse in seinem Flusse erfaßt und erfahren werden, und hierin liege Tugend. Kennzeichnend für diese unautoritäre Haltung höheren Wesen gegenüber ist folgende Geschichte.

»Als Tanka von der T'ang-Dynastie in Verinji beim Kapitol haltmachte, war es sehr kalt. Daher nahm er eines der dort verwahrten Buddha-Bilder herunter, machte ein Feuer und wärmte sich daran. Als der Hüter des Schreins dies sah, war er sehr empört und rief aus: ›Wie kannst du es wagen, mein Holzbildnis des Buddha zu verbrennen?‹

Tanka begann in der Asche zu stochern, als suche er etwas, und sagte: ›Ich sammle die heiligen Sariras (eine Art Mineralsubstrat, das nach der Verbrennung im menschlichen Körper gefunden werden sollte und als Maßstab für die Heiligkeit seines Lebens galt) aus den Aschenresten.‹

›Wie kannst du Sariras von einem hölzernen Buddha finden?‹ fragte der Hüter. ›Wenn keine Sariras darin gefunden werden können‹, gab Tanka zurück, ›darf ich dann die beiden übrigen Buddhas für mein Feuer haben?‹

Der Hüter des Schreins verlor später beide Augenbrauen, weil er sich dieser anscheinenden Pietätlosigkeit Tankas widersetzt hatte, während der letztere von Buddhas Zorn verschont blieb« (D. T. Suzuki, 1934, S. 124; vgl. Ch. Humphreys, 1949).

Ein anderes Beispiel eines humanistischen religiösen Systems findet sich in Spinozas religiösem Denken. Zwar ist seine Sprache die der mittelalterlichen Theologie, aber seine Gottesvorstellung zeigt keine Spuren autoritärer Prägung. Gott hätte die Welt nicht anders schaffen können, als sie ist. Er könne nichts ändern, denn Gott sei in Wahrheit identisch mit der Totalität des Universums. Der Mensch müsse seine eigenen Grenzen erkennen und einsehen, daß er von der Totalität der Kräfte außerhalb von ihm selbst abhänge, über die er keine Gewalt habe. Dennoch seien ihm die Kräfte der Liebe und der Vernunft eigen. Er könnte sie entwickeln und ein Optimum an Freiheit und innerer Stärke erlangen.

Die Unterscheidung zwischen autoritärer und humanistischer Religion verläuft nicht nur quer durch die verschiedenen Religionen. Sie hat auch Geltung innerhalb ein und derselben Religion. Unsere eigene religiöse Tradition veranschaulicht dies besonders gut. Da es von grundlegender Bedeutung ist, den Unterschied zwischen autoritärer und humanistischer Religion richtig zu verstehen, werde ich ihn weiterhin anhand einer Quelle erläutern, die den meisten Lesern mehr oder weniger geläufig ist, nämlich des Alten Testaments.

Der Anfang des Alten Testaments[1] ist im Geiste einer autoritären Religion abgefaßt. Das Gottesbild ist das Bild des absoluten Herrschers eines patriarchalischen Klans, der den Menschen sich zum Vergnügen erschaffen hat und ihn nach Belieben wieder vernichten kann. Er hat ihm verboten, vom Baum der Erkenntnis des Guten und Bösen zu essen, und ihm den Tod angedroht, wenn er diese Aufforderung mißachtet. Aber die Schlange, »schlauer als alle Tiere des Feldes«, sagte zu Eva: »Nein, ihr werdet nicht sterben. Gott weiß vielmehr: Sobald ihr davon eßt, gehen euch die Augen auf; ihr werdet wie Gott und erkennt Gut und Böse« (Gen. 3,1.4f.). Und Gott beweist, daß die Schlange wahr gesprochen hat. Er bestraft Adams und Evas Ungehorsam, indem er Feindschaft setzt zwischen dem Menschen und der Natur, zwischen dem Menschen und dem Erdboden samt den Tieren, zwischen Mann und Frau. Doch der Mensch muß nicht sterben. Gott spricht: »Seht, der Mensch ist geworden wie wir; er erkennt Gut und Böse. Daß er jetzt nicht die Hand ausstreckt, auch vom Baum des Lebens nimmt, davon ißt und ewig lebt«, vertreibt Gott Adam und Eva aus dem Garten Eden und setzt Engel mit flammendem Schwert »östlich des Gartens von Eden«, »damit sie den Weg zum Baum des Lebens bewachten« (Gen 3,22).

Der Text macht sehr klar, was des Menschen Sünde ist: seine

---

[1] Die historische Tatsache, daß der Anfang der Bibel nicht ihr ältester Teil sein mag, braucht hier nicht näher betrachtet zu werden, da wir den Text zur Veranschaulichung zweier Prinzipien benutzen und nicht, um eine historische Abfolge festzustellen.

rebellische Auflehnung gegen Gottes Anordnung. Es ist der Ungehorsam und nicht irgendeine angeborene Sündhaftigkeit, die vom Baum der Erkenntnis essen läßt. Die weitere religiöse Entwicklung hat im Gegenteil das Wissen um Gut und Böse zur Kardinaltugend gemacht, nach der der Mensch zu streben vermag. Der Text macht ebenfalls ganz deutlich, was Gottes Motiv dabei ist: seine Sorge um seine überlegene Rolle, die eifersüchtige Furcht vor dem Anspruch des Menschen, ihm gleich zu werden.

Ein entscheidender Wendepunkt in der Beziehung zwischen Gott und Mensch zeigt sich in der Geschichte von der Sintflut. »Der Herr sah, daß auf der Erde die Schlechtigkeit des Menschen zunahm und daß alle Gedanken seines Herzens den ganzen Tag nur böse waren. Da reute es den Herrn, auf der Erde den Menschen gemacht zu haben, und es tat seinem Herzen weh. Der Herr sagte: Ich will den Menschen, den ich erschaffen habe, vom Erdboden vertilgen, nicht nur den Menschen, auch das Vieh, die Kriechtiere und die Vögel des Himmels, denn es reut mich, sie gemacht zu haben« (Gen 6,5–7).

Hiernach ist es fraglos, daß Gott das Recht hat, seine eigenen Geschöpfe zu vernichten; er hat sie geschaffen, und sie sind sein Eigentum. Der Text erklärt ihre Bosheit als »Gewalt«; doch zeigt sein Beschluß, nicht nur die Menschen, vielmehr auch Tiere und Pflanzen zu zerstören, ebenso, daß wir es hier nicht mit einem Urteilsspruch zu tun haben, der einem bestimmten Verbrechen angemessen wäre, sondern damit, daß Gott sein eigenes Tun ärgerlich bereut, weil es nicht geglückt war. »Nur Noach fand Gnade in den Augen des Herrn« (Gen 6,8), und er wird mitsamt seiner Familie und »allerlei Tieren, je ein Paar«, vor der Sintflut errettet. Soweit sind die Vernichtung des Menschen und die Verschonung Noachs willkürliche Handlungen Gottes. Er durfte tun, wie ihm beliebte, gleich einem mächtigen Stammeshäuptling. Nach der Sintflut jedoch verändert sich die Beziehung zwischen Gott und dem Menschen von Grund auf. Gott schließt einen Bund mit den Menschen, in welchem er verspricht: »Nie wieder sollen alle Wesen aus Fleisch vom Wasser der Flut ausgerottet werden; nie wieder soll eine Flut kommen und die Erde verderben« (Gen 9,11 b). Gott verpflichtet sich, niemals alles Leben auf Erden zu vernichten, und der

Mensch steht unter dem obersten Gebot der Bibel, nicht zu töten: »Für das Leben des Menschen fordere ich Rechenschaft von jedem seiner Brüder« (Gen 9,5 c). Dies ist der Ausgangspunkt für einen tiefen Wandel in der Beziehung zwischen Gott und dem Menschen. Gott ist nicht mehr der absolute Herrscher, der handeln kann, wie es ihm beliebt. Er ist an einen Vertrag gebunden, den sowohl er als auch der Mensch zu erfüllen haben, ein Prinzip, das er nicht verletzen darf, nämlich das Prinzip der Ehrfurcht vor dem Leben. Gott kann den Menschen strafen, wenn er dieses Prinzip mißachtet, aber der Mensch kann auch Gott zur Rechenschaft ziehen, wenn er sich der Verletzung desselben schuldig macht.

Die neue Beziehung zwischen Gott und Mensch tritt in Abrahams Fürbitte für Sodom und Gomorra deutlich zutage. Als Gott beabsichtigt, diese Städte wegen ihrer Gottlosigkeit zu vernichten, kritisiert Abraham Gott, weil er seine eigenen Prinzipien verletzte: »Das kannst du doch nicht tun, die Gerechten zusammen mit den Gottlosen umbringen. Dann ginge es ja dem Gerechten genauso wie dem Gottlosen. Das kannst du doch nicht tun! Der Richter über die ganze Erde sollte sich nicht an das Recht halten?« (Gen 18,25).

Der Unterschied zwischen der Geschichte vom Sündenfall und dieser Argumentation ist in der Tat groß. Dort wird dem Menschen verboten zu wissen, was Gut und Böse ist, und seine Stellung Gott gegenüber ist die der Unterwerfung – oder sündigen Ungehorsams. Hier macht der Mensch Gebrauch von seinem Wissen um Gut und Böse und kritisiert Gott im Namen der Gerechtigkeit, und Gott muß nachgeben.

Schon diese kurze Analyse der autoritären Elemente in der biblischen Geschichte zeigt, daß beide Prinzipien, das autoritäre und das humanistische, an der Wurzel der jüdisch-christlichen Religion vorhanden sind. In der Weiterentwicklung sowohl des Judentums als auch des Christentums haben beide Prinzipien sich behauptet, und das jeweilige Vorwiegen des einen oder anderen kennzeichnet die verschiedenen Strömungen in beiden Religionen.

Folgende Geschichte aus dem Talmud drückt die nicht-autoritäre, humanistische Seite des Judentums aus, wie wir es in den ersten Jahrhunderten des christlichen Zeitalters finden.

Eine Anzahl anderer berühmter rabbinischer Gelehrter war mit Rabbi Eliesers Ansichten in bezug auf einen Punkt des Ritualgesetzes nicht einverstanden. »Rabbi Elieser sagte zu ihnen: ›Wenn die Halacha mit mir einer Meinung ist, soll dieser Johannisbrotbaum es bezeugen!‹ Daraufhin wurde der Johannisbrotbaum hundert Ellen weit hinweggeschleudert – andere behaupten sogar vierhundert Ellen. ›Ein Johannisbrotbaum kann nichts beweisen‹, entgegneten sie ihm. Wiederum sagte er zu ihnen: ›Wenn die Halacha meiner Meinung ist, soll der Strom es bezeugen!‹ Daraufhin floß der Strom rückwärts. ›Ein Fluß kann überhaupt nichts beweisen‹, entgegneten sie. Und wiederum sagte er: ›Wenn die Halacha meiner Meinung ist, sollen die Mauern des Lehrhauses es bezeugen!‹ Daraufhin neigten sich die Mauern, als wollten sie einstürzen. Aber Rabbi Joschua wies sie zurecht und sagte: ›Was fällt euch ein, euch einzumischen, wenn Gelehrte einen Streit über die Halacha ausfechten?‹ Daraufhin stürzten sie Rabbi Joschua zu Ehren nicht ein, aber sie richteten sich Rabbi Elieser zu Ehren auch nicht ganz wieder auf. Und so stehen sie noch immer etwas geneigt. Und wiederum sagte Rabbi Elieser: ›Wenn die Halacha mir recht gibt, dann soll es der Himmel bezeugen!‹ Daraufhin ertönte eine Stimme vom Himmel, die rief: ›Weshalb streitet ihr mit Rabbi Elieser, wo doch die Halacha ihm in allen Stücken recht gibt!‹ Aber Rabbi Joschua erhob sich und rief: ›Es ist nicht im Himmel!‹ Was meinte er damit? Rabbi Jeremias sagte, die Tora sei bereits auf dem Berge Sinai gegeben worden und wir schenkten einer himmlischen Stimme daher keine Beachtung mehr, da Du schon vor langer Zeit in der Tora am Berge Sinai geschrieben hast, daß man sich der Mehrheit beugen muß. Rabbi Nathan traf den Propheten Elija und fragte ihn: ›Was hat der Heilige, gepriesen sei er, zu jener Stunde getan?‹ ›Er lachte (vor Freude)‹, erwiderte er, ›und sagte: Meine Söhne haben mich besiegt, meine Söhne haben mich besiegt‹« (Talmud, Baba Meçiâ 59b).

Die Geschichte bedarf kaum eines Kommentars. Sie verkündet die Autonomie der menschlichen Vernunft, gegen die selbst übernatürliche Stimmen vom Himmel nicht aufkommen. Gott lächelt, denn der Mensch hat getan, was Gott von ihm erwartete, er ist sein eigener Herr geworden, fähig und entschlossen, seine Entscheidungen selbst nach rationalen, demokratischen Methoden zu treffen.

Derselbe humanistische Geist kann in vielen Geschichten des chassidischen Lebens aus der Zeit mehr als tausend Jahre später gefunden werden. Die chassidische Bewegung war eine rebellische Auflehnung der Armen gegen die, welche ein Monopol der Gelehrsamkeit oder des Geldes besaßen. Ihr Motto war der Psalmvers: »Dienet dem Herrn mit Freude!« (Ps 100,2). Sie betonten mehr das Fühlen als die intellektuellen Fähigkeiten, mehr die Freude als die Zerknirschung. Für sie war (wie für Spinoza) Freude gleichbedeutend mit Tugend, Trauer gleichbedeutend mit Sünde. Die nachfolgende Geschichte ist charakteristisch für den humanistischen und antiautoritären Geist dieser religiösen Sekte:

Ein armer Schneider kam am Tage nach dem Versöhnungsfest zu einem chassidischen Rabbi und sagte zu ihm: »Gestern hatte ich eine Auseinandersetzung mit Gott. Ich sagte ihm: ›O Gott, du hast Sünden begangen, und ich habe gesündigt. Aber du hast große Sünden begangen und ich nur solche von geringer Bedeutung. Was hast du getan? Du hast Mütter von ihren Kindern getrennt und hast zugelassen, daß Menschen verhungerten. Was habe ich getan? Ich habe manchmal einem Kunden ein Stück Tuch nicht zurückgegeben und habe es mit der Beachtung des Gesetzes nicht genaugenommen. Aber ich will dir etwas sagen, Gott. Ich will dir deine Sünden vergeben und du mir die meinen. Dann sind wir quitt.‹« Worauf der Rabbi erwiderte: »Du Narr! Warum ließest du ihn so leichten Kaufes davonkommen? Gestern hättest du ihn zwingen können, den Messias zu senden.«

Die Geschichte demonstriert noch drastischer als Abrahams Verhandlung mit Gott den Gedanken, daß Gott seine Versprechungen zu erfüllen habe, genausogut wie der Mensch die seinen. Wenn Gott versäumt, den Leiden der Menschen ein Ende zu setzen, wie er versprochen hat, dann hat der Mensch das Recht, ihn zur Rechenschaft zu ziehen, ja sogar ihn zur Erfüllung seines Versprechens zu zwingen. Die zwei angeführten Geschichten bewegen sich zwar im Bezugsrahmen der monotheistischen Religion, aber die dahinterstehende menschliche Haltung unterscheidet sich tief von derjenigen, die hinter

Abrahams Bereitschaft steht, Isaak zu opfern, oder von Calvins Verherrlichung der diktatorischen Macht Gottes.

Daß das Frühchristentum humanistisch und nicht autoritär war, geht deutlich aus dem Geist und dem Wortlaut aller Lehren Jesu hervor. Seine Richtschnur: »Das Reich Gottes ist in euch« (Lk 17,21), ist der einfache und klare Ausdruck eines nicht-autoritären Denkens. Aber nur wenige Jahrhunderte später, als das Christentum aufgehört hatte, die Religion der Armen und der einfachen Bauern, Handwerker und Sklaven (der *am haarez*) zu sein und die Religion der Machthaber im Römischen Reich geworden war, wurde die autoritäre Strömung im Christentum vorherrschend. Trotzdem hat der Konflikt zwischen den autoritären und den humanistischen Prinzipien des Christentums nie aufgehört. Er drückt sich aus in dem Konflikt zwischen Augustin und Pelagius, zwischen der katholischen Kirche und vielen »häretischen« Gruppen und zwischen verschiedenen Sekten des Protestantismus. Das humanistische, demokratische Element ist in der christlichen oder der jüdischen Geschichte nie ganz unterdrückt worden, und hat eine seiner wirkmächtigsten Ausdrucksformen im mystischen Denken beider Religionen gefunden. Die Mystiker waren tief durchdrungen von der Erfahrung der Stärke des Menschen, seiner Gottebenbildlichkeit mit dem Gedanken, daß Gott des Menschen ebensosehr bedürfe wie der Mensch Gottes. Sie haben den Satz, der Mensch sei zum Ebenbilde Gottes erschaffen worden, so verstanden, daß er eine grundsätzliche Identität von Mensch und Gott bedeute. Nicht Furcht und Unterwerfung, sondern Liebe und Bejahung der eigenen Kräfte sind die Grundlagen der mystischen Erfahrung. *Gott ist nicht ein Symbol der Macht über den Menschen, sondern der eigenen Kräfte des Menschen.*

Bisher haben wir die unterschiedlichen Züge der autoritären und der humanistischen Religion nur beschreibend behandelt. Doch muß der Psychoanalytiker von der bloßen Beschreibung von Haltungen zur Analyse ihrer Dynamik übergehen, und hierfür kann er zu unserer Erörterung einen Beitrag aus einem Blickfeld leisten, das von anderen Bereichen der Forschung her nicht zugänglich ist. Zum vollen Verständnis einer Haltung ist ein Abwägen der bewußten und vor allem der unbewußten Vorgänge nötig, die im Individuum stattfinden und auf die

Notwendigkeit seiner Entwicklung und deren Bedingungen weisen.

Während Gott in einer humanistischen Religion das Bild des höheren Selbst des Menschen ist, ein Symbol dessen, was der Mensch potentiell ist oder werden sollte, wird er in einer autoritären Religion zum einzigen Besitzer dessen, was ursprünglich dem Menschen gehörte: seiner Vernunft und seiner Liebe. Je vollkommener Gott wird, desto unvollkommener wird der Mensch. Er *projiziert* das Beste, was er hat, auf Gott und schwächt sich auf diese Weise selbst. Nunmehr ist alle Liebe, alle Weisheit, alle Gerechtigkeit bei Gott, und der Mensch ist dieser Eigenschaften beraubt, ist leer und arm. Er hatte mit einem Gefühl der Kleinheit begonnen, nun aber ist er völlig ohnmächtig und schwach. Alle seine Kräfte hat er auf Gott übertragen. Dieser Mechanismus der Projektion ist genau derselbe, der bei zwischenmenschlichen Beziehungen von masochistischer, unterwürfiger Eigenart beobachtet werden kann, wo eine Person die andere vergötzt und ihr die eigenen Kräfte und Strebungen zuschreibt. Es ist der gleiche Mechanismus, mit dem Völker ihre Führer oder sogar die inhumansten Systeme mit den Eigenschaften großer Weisheit und Güte ausstatten. (Vgl. die Erörterung der symbiotischen Beziehung in E. Fromm, 1941a, GA I, S. 310f.) Wenn der Mensch so seine wertvollsten Eigenschaften auf Gott projiziert hat, wie steht es dann um seine Beziehung zu seinen eigenen Kräften? Sie sind von ihm losgelöst, und in diesem Prozeß ist er sich selbst *entfremdet* worden. Alles an ihm gehört jetzt Gott, und ihm ist nichts geblieben. *Sein einziger Zugang zu sich selbst geht durch Gott.* In der Anbetung Gottes sucht er mit dem Teil seiner selbst in Berührung zu kommen, den er durch die Projektion verloren hat. Nachdem er Gott alles, was sein war, gegeben hat, betet er zu ihm, er möge ihm etwas von dem zurückgeben, was ihm ursprünglich zu eigen war. Da er dies aber preisgegeben hat, ist er ganz und gar auf Gottes Gnade angewiesen. Er muß sich notwendig wie ein »Sünder« vorkommen, da er sich selbst all dessen, was gut ist, beraubt hat, und nur durch Gottes Erbarmen oder Gnade kann er das zurückerhalten, was allein ihn menschlich macht. Um Gott zu bewegen, daß er ihn seiner Liebe teilhaftig werden läßt, muß er ihm beweisen, wie sehr er der Liebe entbehrt; damit Gott ihn mit seiner überlegenen Weisheit leite, hat er zu gestehen, wie bar aller Weisheit er ist, wenn er sich selbst überlassen ist.

Diese Entfremdung von seinen eigenen Kräften gibt ihm jedoch nicht nur das Gefühl sklavischer Abhängigkeit von Gott; sie macht ihn sogar schlecht. Er wird ein Wesen ohne Glauben an seinen Mitmenschen oder an sich selbst, ohne Erfahrung seiner eigenen Liebeskraft und seines eigenen Vernunftvermögens. Die Folge ist die Trennung zwischen dem »Heiligen« und dem »Weltlichen«. In seinem weltlichen Tun handelt der Mensch ohne Liebe; in jenem Bezirk seines Lebens, der der Religion vorbehalten ist, fühlt er sich als Sünder (der er auch ist, denn ohne Liebe leben heißt in Sünde leben) und versucht, etwas von seiner verlorenen Menschlichkeit durch die Gottesbeziehung zurückzugewinnen. Gleichzeitig müht er sich um Vergebung, indem er seine eigene Hilflosigkeit und Unwürdigkeit bekennt. So artet sein Bestreben, Vergebung zu erwerben, gerade in jene Haltung aus, aus der die Sünde stammt. Er ist in ein schmerzliches Dilemma geraten. Je mehr er Gott preist, desto leerer wird er. Je leerer er wird, desto sündiger fühlt er sich. Und je sündiger er sich fühlt, desto mehr preist er seinen Gott – und desto weniger ist er imstande, zu sich selbst zurückzufinden.

Die Analyse der Religion darf nicht dabei stehenbleiben, daß sie die psychologischen Prozesse im Menschen aufdeckt, die seiner religiösen Erfahrung zugrunde liegen; sie hat die Aufgabe, die Voraussetzungen zu entdecken, die zur Entwicklung entweder einer autoritären oder einer humanistischen Charakterstruktur führen, aus der wiederum je verschiedene Arten religiöser Erfahrung herrühren. Eine solche soziopsychologische Analyse würde weit über den Rahmen dieser Kapitel hinausgehen. Jedoch kann der Hauptpunkt kurz dargelegt werden. Was die Menschen denken und fühlen, hat seine Wurzeln in ihrer Charakterstruktur, und dieser Charakter wird geprägt durch die gesamte Struktur ihrer Lebenspraxis – genauer gesagt, durch die sozio-ökonomische und politische Struktur ihrer Gesellschaft. In Gesellschaftsformen, wo eine Minorität die Macht in Händen und die Massen in Unterwerfung hält, wird das Individuum so von Furcht erfüllt sein, so unfähig, sich stark und unabhängig zu fühlen, daß seine religiöse Erfahrung autoritärer Natur sein wird. Ob er einen strafenden, ehrfurchtgebietenden Gott anbetet, oder einen Führer solcher Prägung, spielt dabei fast keine Rolle. Wo sich hingegen das Individuum frei und für sein eigenes Schicksal verantwortlich fühlt oder innerhalb einer Minorität für Freiheit und Unabhängigkeit kämpft, entwickelt sich eine religiöse Erfahrung humanistischer Art. Die Religionsgeschichte liefert viele Beispiele dieser Wechselbeziehung zwischen der Gesellschaftsstruktur und den Arten religiöser Erfahrung. Das Frühchristentum war eine Religion der Armen und Unterdrückten; die Geschichte religiöser Sekten, die gegen autoritären politischen Druck kämpften, zeigt diesen Zusammenhang immer wieder auf. Im Judentum, in dem eine strenge, antiautoritäre Tradition Gestalt gewinnen konnte, weil die weltliche Autorität niemals eine große Chance hatte, Macht auszuüben und eine Legende von ihrer Weisheit entstehen zu lassen, konnte sich deshalb der humanistische Aspekt der Religion bis zu einem beachtlichen Maß entwickeln. Wo jedoch die Religion sich mit der weltlichen Macht verbündete, mußte sie notwendigerweise autoritär werden. Der wahre Sündenfall des Menschen ist seine Entfremdung von sich selbst, seine Unterwerfung unter die Macht, seine Wendung gegen sich selber – auch wenn sie als Verehrung Gottes verkleidet war.

Dem Geist autoritärer Religion entstammen zwei trügerische Vernunftschlüsse, die immer wieder als Argumente für eine theistische Religion benutzt worden sind. Der eine Gedankengang lautet so: Wie kann man die Betonung der Abhängigkeit des Menschen von einer jenseitigen Macht kritisieren? Hängt der Mensch nicht von Kräften außer ihm ab, die er nicht verstehen, noch viel weniger beherrschen kann?

In der Tat, der Mensch ist abhängig; er bleibt dem Tode, dem Alter, der Krankheit unterworfen, und selbst wenn er die Natur beherrschen und sie sich ganz und gar dienstbar machen könnte, sind er und seine Erde doch winzige Pünktchen im Universum. Aber es ist eine Sache, die eigene Abhängigkeit und seine Grenzen anzuerkennen, und es ist etwas völlig anderes, sich der Abhängigkeit hinzugeben und jene Mächte anzubeten, von denen man abhängt. Realistisch und nüchtern einsehen, wie begrenzt unsere Macht ist, bedeutet ein wesentliches Kennzeichen von Weisheit und Reife. Dieses Schicksal anzubeten, ist masochistisch und selbstzerstörerisch. Das eine bedeutet Demut, das andere Selbstdemütigung.

Wir können den Unterschied zwischen realistischer Anerkennung unserer Grenzen und der Hingabe an die Erfahrung der Unterwerfung und Ohnmacht an der klinischen Untersuchung masochistischer Charakterzüge studieren. Es gibt Menschen mit der Tendenz, in Krankheiten, Unfälle, demütigende Situationen zu verfallen, sich selbst klein und schwach zu machen. Sie glauben, gegen ihren Willen und ihre Absicht in solche Situationen zu geraten, doch das Studium ihrer unbewußten Motive zeigt, daß sie in Wirklichkeit einer der irrationalsten Tendenzen, die beim Menschen gefunden werden können, unterliegen, nämlich dem unbewußten Wunsche, schwach und machtlos zu sein. Sie streben danach, das Zentrum ihres Lebens auf Mächte zu verschieben, über die sie keine Gewalt zu haben glauben, und weichen damit der Freiheit und der persönlichen Verantwortung aus. Wir finden ferner, daß diese masochistische Tendenz gewöhnlich genau von ihrem Gegenteil begleitet ist, das heißt von einer Tendenz, andere zu reglementieren und zu beherrschen, und daß die masochistischen und die herrschsüchtigen Tendenzen die beiden Seiten der autoritären Charakterstruktur ausmachen. (Vgl. E. Fromm, 1941a, GA I, S. 300–322). Solche masochistischen Tendenzen sind nicht immer unbewußt. Wir finden sie offenkundig in der sexuellen masochistischen Perversion, wo die Erfüllung des Wunsches, verletzt und gedemütigt zu werden, die Bedingung für sexuelle Erregung und Befriedigung ist. Wir finden dasselbe in der Beziehung zum Führer und zum Staat in allen autoritären weltlichen Religionen. Hier ist das erklärte Ziel, den eigenen Willen aufzugeben und die Unterwerfung unter den Führer oder den Staat als etwas sehr Lohnenswertes zu erfahren.

Ein anderer Trugschluß theologischen Denkens ist dem der Abhängigkeit nahe verwandt. Ich meine das Argument, es müsse eine Macht oder ein Wesen außerhalb des Menschen geben, weil wir glauben, der Mensch habe ein unausrottbares Verlangen, sich zu etwas, was jenseits von ihm ist, in Beziehung zu setzen. Tatsächlich hat jedes gesunde menschliche Wesen das Bedürfnis, sich mit anderen in Beziehung zu setzen; wer diese

Fähigkeit völlig verloren hat, ist geisteskrank. Kein Wunder, daß der Mensch sich Gestalten außerhalb seiner selbst geschaffen hat, zu denen er sich in Beziehung setzt, die er liebt und hochhält, weil sie den Schwankungen und Unzuverlässigkeiten menschlicher Objekte nicht ausgesetzt sind. Daß Gott ein Symbol ist für des Menschen Bedürfnis nach Liebe, dürfte leicht zu verstehen sein. Aber folgt aus dem Vorhandensein und der Stärke dieses menschlichen Bedürfnisses, daß ein jenseitiges Wesen existiert, das diesem Bedürfnis entspricht? Offensichtlich kann dies ebensowenig daraus gefolgert werden wie unser noch so starker Wunsch, jemanden zu lieben, beweisen würde, daß jemand da ist, in den wir verliebt sind. Alles, was damit bewiesen wird, ist unser Bedürfnis und vielleicht unsere Fähigkeit zu lieben.

In diesem Kapitel habe ich versucht, verschiedene Aspekte der Religion zu analysieren. Ich hätte es mit der Erörterung eines allgemeinen Problems beginnen können, und zwar mit der psychoanalytischen Deutung von Gedankensystemen religiöser, philosophischer und politischer Art. Aber ich glaube, daß es für den Leser nützlicher ist, dieses allgemeine Problem zu betrachten, nachdem die Untersuchung der besonderen Fragestellungen einen konkreteren Ausgangspunkt ermöglicht hat.

Zu den wichtigsten Forschungsergebnissen der Psychoanalyse gehören diejenigen, die sich auf die Gültigkeit von Gedanken und Ideen beziehen. Bei den traditionellen Theorien nahm man für die Erforschung des menschlichen Denkens sich selbst als Ausgangspunkt. Man nahm an, die Menschen hätten Kriege begonnen, weil ihr Einsatz für Ehre, Patriotismus, Freiheit sie dazu angetrieben habe – denn sie selber dachten, daß es bei ihnen so sei. Eltern, meinte man, straften ihre Kinder aus Pflichtgefühl und Sorge für sie – weil sie von sich so dachten. Das Verlangen nach Gottgefälligkeit, hieß es, habe Menschen veranlaßt, Ungläubige zu töten – weil sie selbst davon überzeugt waren. Allmählich brach sich eine neue Einstellung gegenüber dem menschlichen Denken Bahn, deren erste Äußerung der Ausspruch Spinozas war: »Was Paul über Peter sagt, verrät uns mehr von Paul als von Peter.« Gemäß dieser Einstellung interessiert uns an Pauls Äußerung nicht, was *er* meint, daß uns interessieren würde, nämlich eine Äußerung über Peter; vielmehr fassen wir sie auf als eine Aussage Pauls über sich selbst. Wir behaupten, daß wir Paul besser kennen als er sich selbst; wir vermögen seine Gedanken zu enträtseln, weil wir nicht voreingenommen sind von dem Umstand, daß er uns etwas über Peter mitteilen will. Wir lauschen, wie Theodor Reik es ausgedrückt hat, mit einem »dritten Ohr«. Spinozas Äußerung enthält einen wesentlichen Punkt von Freuds Theorie vom Menschen: daß viel von dem, worauf es ankommt, hinter unserem Rücken vor sich geht und daß unsere bewußten Gedanken nur *eine* Gegebenheit unter anderen sind, die nicht mehr Bedeutung haben als die übrigen Züge unseres Verhaltens; oft sogar weniger.

Bedeutet diese dynamische Theorie vom Menschen, daß Vernunft, Denken und Bewußtsein keinerlei Bedeutung haben und außer acht gelassen werden sollten? In verständlicher Reaktion gegenüber der traditionellen Überschätzung des Denkens hatten manche Psychoanalytiker die Tendenz, hinsichtlich jeder Art von Denksystemen skeptisch zu sein. Sie interpretieren sie lediglich als Rationalisierung von Impulsen und Wünschen, anstatt sie in Begriffen ihres eigenen logischen Bezugsrahmens zu betrachten. Ihre Skepsis galt besonders allen religiösen und philosophischen Behauptungen, und sie waren geneigt, diese als Zwangsdenken aufzufassen, die als solche nicht ernstgenommen werden dürfen. Diese Einstellung müssen wir als einen Irrtum bezeichnen, nicht nur von einem philosophischen Standpunkt aus, sondern vom Standpunkt der Psychoanalyse selbst, denn die Psychoanalyse hat, während sie Rationalisierungen entlarvt, die Vernunft selbst zum Mittel gemacht, mit dem wir solche kritischen Analysen von Rationalisierungen erkennen können.

Die Psychoanalyse hat die Zweideutigkeit unserer Denkprozesse aufgezeigt. Die Macht der Rationalisierung, diese Fälschung der Vernunft, ist in der Tat eine der verblüffendsten menschlichen Erscheinungen. Wären wir nicht so sehr daran gewöhnt, so würden uns die menschlichen Anstrengungen zur Rationalisierung paranoid vorkommen. Eine paranoide Person kann sehr intelligent sein, sie kann auf allen Lebensgebieten ausgezeichneten Gebrauch von der Vernunft machen, außer in jenem abgegrenzten Teil, in dem sich ihr paranoides System äußert. Wer künstlich rationalisiert, verhält sich ebenso. Wir sprechen mit einem intelligenten Stalinisten, der in vielen Denkbereichen eine große Fähigkeit zeigt, von seiner Vernunft Gebrauch zu machen. Wollen wir jedoch mit ihm über Stalinismus reden, so sehen wir uns plötzlich einem geschlossenen Gedankengebäude gegenüber, dessen einzige Aufgabe ist, zu beweisen, daß seine Anhänglichkeit an den Stalinismus mit der Vernunft in Übereinstimmung steht und ihr keineswegs zuwiderläuft. Er wird gewisse offenkundige Tatsachen leugnen, andere verdrehen oder, sofern er Fakten und Feststellungen zugibt, seine Einstellung als logisch und folgerichtig erklären. Er mag sogar sagen, der faschistische Kult des Führers sei einer der verwerflichsten Züge eines autoritären Systems, der stalinistische Führerkult hingegen sei etwas ganz anderes, nämlich der echte Ausdruck der Liebe des Volkes zu Stalin. Wenn wir ihm entgegenhalten, die Nazis hätten dasselbe behauptet, wird er über unseren Mangel an Unterscheidungsvermögen großzügig lächeln oder uns beschuldigen, die Lakaien des Kapitalismus zu sein. Er wird tausend Gründe finden, warum der russische Nationalismus kein Nationalismus ist, warum das autoritäre System Demokratie bedeutet und warum Sklavenarbeit geeignet ist, asoziale Elemente zu erziehen und zu bessern. Die üblichen Argumente zur Verteidigung oder Erklärung der Taten der Inquisition oder rassischer oder sexueller Vorurteile sind Illustrationen derselben Fähigkeit zur Rationalisierung.

Das Ausmaß, in dem der Mensch sein Denkvermögen benutzt, um irrationale Leidenschaften zu rationalisieren und die Handlungsweise seiner Gruppe zu rechtfertigen, zeigt uns, wie weit der Weg noch ist, den der Mensch zurückzulegen hat, um ein homo sapiens zu werden. Aber wir haben über die Erkenntnis der Rationalisierungen hinauszugehen. Wir müssen die Gründe dieser Erscheinung zu verstehen suchen, damit wir nicht in den Irrtum verfallen, die Bereitschaft des Menschen zu Rationalisierungen dieser Art sei ein Teil der »menschlichen Natur« und darum unabänderlich.

Ursprünglich ist der Mensch ein Herdentier. Seine Handlungen bestimmt ein instinktiver Impuls, dem Führer zu folgen und mit seinesgleichen engen Kontakt zu haben. Soweit wir »Schafs-Naturen« sind, gibt es keine größere Bedrohung unserer Existenz als den Verlust des Kontakts mit der Herde und die daraus folgende Isolierung. Was recht und unrecht, wahr und falsch ist, entscheidet die Herde. Aber wir sind nicht nur »Schafe«. Wir sind auch Menschen. Wir sind ausgestattet mit dem Bewußtsein unserer selbst und mit Vernunft, die ihrer Natur nach von der Herde unabhängig ist. Unsere Handlungen können von den Ergebnissen unseres Vernunftdenkens bestimmt werden, einerlei ob die von uns gefundene Wahrheit von anderen geteilt wird oder nicht. Die Kluft zwischen unserer »Schafs-Natur« und unserer menschlichen Natur bildet die Grundlage für zwei verschiedene Orientierungsarten: *die Orientierung, der Herde möglichst nahe zu sein, und die Orientierung mit Hilfe der Vernunft.*

Die Rationalisierung ist ein Kompromiß zwischen unserer »Schafs-Natur« und unserer menschlichen Fähigkeit zu denken. Die Vernunft zwingt uns, anzunehmen, daß alles, was wir tun, der Prüfung der Vernunft standhält, und darum wünschen wir uns den Anschein zu geben, daß unsere irrationalen Meinungen und Entscheidungen vernünftig sind. Soweit wir jedoch »Schafe« sind, ist die Vernunft in Wahrheit nicht unser Führer. Wir lassen uns von einem ganz anderen Prinzip leiten: von unserer Zugehörigkeit zur Herde.

Die Zweideutigkeit des Denkens, der Widerspruch zwischen der Vernunft und einem rationalisierenden Intellekt, ist der Ausdruck für einen fundamentalen Widerspruch im Menschen, das zugleich dringliche Bedürfnis nach Bindung und nach Freiheit. Die Entfaltung und volle Reifung der Vernunft hängt ab von der Erlangung völliger Freiheit und Unabhängigkeit. Bis er beides erworben hat, wird der Mensch dazu neigen, das für wahr zu halten, was die Mehrheit seiner Gruppe als Wahrheit wahrhaben will. Sein Urteil ist bestimmt von seinem Bedürfnis nach Kontakt mit der Herde und von seiner Furcht, von ihr isoliert zu werden. Einige wenige Individuen sind imstande, diese Isolierung trotz der Gefahr, den Kontakt zu verlieren, auszuhalten und die Wahrheit zu sagen. Sie sind die wahren Helden des Menschengeschlechts, ohne die wir noch Höhlenbewohner wären. Doch für die große Mehrheit der Menschen, die keine Helden sind, hängt die Entfaltung der Vernunft ab von der Herausbildung einer Gesellschaftsform, in der jedes

Individuum voll respektiert und nicht zum Werkzeug des Staates oder einer anderen Gruppe gemacht wird; einer Gesellschaftsordnung, in der niemand sich fürchten muß, Kritik zu üben, und in der die Auseinandersetzung mit der Wahrheit den Menschen nicht von seinen Brüdern trennt, sondern ihn tiefer mit ihnen verbindet. Daraus folgt, daß der Mensch seine volle Fähigkeit zur Objektivität und Vernunft erst erreichen kann, wenn – über alle Besonderheiten und Verschiedenheiten des Menschengeschlechts hinweg – eine Gesellschaftsordnung gebildet ist, in der die Loyalität mit der menschlichen Rasse und ihren Idealen als oberste Treueverpflichtung angesehen wird.

Das sorgfältige Studium des Vorgangs der Rationalisierung ist vielleicht der bedeutsamste Beitrag der Psychoanalyse zum Fortschritt der Menschheit. Es hat der Wahrheit eine neue Dimension eröffnet, indem es zeigte, daß der aufrichtige Glaube an die Richtigkeit einer Aussage allein noch keine Gewähr für deren Wahrheitsgehalt bietet und daß wir einzig durch Verstehen der unbewußten Vorgänge im Innern des Menschen zu erfahren vermögen, ob er rationalisiert oder die Wahrheit spricht.[2]

Die psychologische Betrachtung von Denkvorgängen beschäftigt sich nicht allein mit solchen Gedanken, mit denen durch Rationalisierung die wahren Motive verkehrt oder verborgen werden sollen. Sie hat es auch mit solchen Gedankengängen zu tun, die in einem anderen Sinn unwahr sind, weil sie nicht das Gewicht und die Bedeutung haben, welche diejenigen, die sie aussprechen, ihnen zuschreiben. Ein Gedanke kann eine leere Hülse sein, weiter nichts als eine Meinung, die man angenommen hat, weil sie dem Denkschema der Kultur entspricht und leicht nachgesprochen, aber ebenso leicht abgeworfen wird, wenn die öffentliche Meinung sich ändert. Anderer-

---

[2] Ein Mißverständnis, das in diesem Zusammenhang leicht auftaucht, muß zerstreut werden. Die Wahrheit, von der wir hier sprechen, bezieht sich auf die Frage, ob ein Motiv, das jemand als Beweggrund für sein Handeln angibt, von ihm aus die wirkliche Motivierung bedeutet. Die Erörterung bezieht sich nicht auf den Wahrheitsgehalt der rationalisierenden Aussage als solcher. Um ein einfaches Beispiel zu geben: Wenn jemand, der eine Begegnung mit einer bestimmten Person fürchtet, als Grund dafür, daß er sie nicht treffen möchte, angibt, es regne heftig, dann rationalisiert er. Der wahre Grund ist seine Furcht und nicht der Regen. Die rationalisierende Aussage, nämlich es regne, kann an sich zutreffend sein.

seits kann ein Gedanke der Ausdruck des Gefühls und der wirklichen Überzeugungen eines Menschen sein. In diesem Fall ist er in der ganzen Persönlichkeit verwurzelt und hat eine *emotionale Matrix*. Nur so verwurzelte Gedanken bestimmen nachhaltig die Handlungen eines Menschen.

Ein kürzlich erschienener Bericht veranschaulicht dies gut. (Vgl. Negro Digest, 1945.) Zwei Fragen wurden jeweils an Weiße im Norden und Weiße im Süden der Vereinigten Staaten gestellt: (1) Sind alle Menschen ebenbürtig geschaffen? (2) Sind die Neger den Weißen ebenbürtig? Sogar im Süden beantworteten 61 Prozent die erste Frage bejahend, aber nur 4 Prozent auch die zweite. (Im Norden waren die entsprechenden Zahlen 79 Prozent und 21 Prozent.) Wer nur die erste Frage bejahte, erinnerte sich zweifellos daran, dies einmal in der Schule gelernt zu haben, und hatte es im Gedächtnis behalten, weil es zu einer allgemein anerkannten, respektablen Ideologie gehört; aber es hatte keinerlei Beziehungen zu seinem wirklichen Gefühl. Es existierte sozusagen nur in seinem Kopf, ohne jede Verbindung zu seinem Herzen, und war darum ohne Einfluß auf seine aktive Stellungnahme. Dasselbe gilt für eine große Anzahl von anerkannten Ideen. Eine heute unternommene Umfrage in den Vereinigten Staaten würde beinahe vollständige Einstimmigkeit darüber ergeben, daß die Demokratie die beste Regierungsform sei. Aber ein solches Ergebnis würde keineswegs beweisen, daß alle, die sich zugunsten der Demokratie geäußert haben, auch bereit wären, für sie zu kämpfen, wenn sie bedroht wäre. Selbst diejenigen, die im stillen autoritär gesinnt sind, würden demokratische Ansichten äußern, solange die Mehrheit es tut.

Jede Idee hat nur dann Kraft, wenn sie in der Charakterstruktur des Menschen begründet ist. Keine Idee ist stärker als ihre emotionale Matrix. Darum strebt die psychoanalytische Einschätzung der Religion danach, *die menschliche Realität, die hinter Denksystemen steht, zu verstehen.* Sie fragt, ob ein Gedankengebäude wirklich das Gefühl ausdrückt, das es wiederzugeben scheint, oder ob es sich um eine Rationalisierung handelt, hinter der sich die entgegengesetzte Haltung verbirgt. Ferner fragt sie, ob das Gedankensystem auf einer tragfähigen emotionalen Matrix erwachsen oder nur eine leere Meinung ist.

Zwar ist es verhältnismäßig leicht, das Prinzip dieser Behandlung des Problems zu beschreiben; hingegen ist die Analyse eines jeden Denksystems außerordentlich schwierig. Der Analytiker, welcher versucht, die menschliche Realität hinter einem Denksystem zu erforschen, muß zuerst das System als Ganzes betrachten. Die Bedeutung eines einzelnen Teils eines philosophischen oder religiösen Systems kann nur innerhalb des gesamten Systemzusammenhangs ermessen werden. Wird ein Teil von seinem Kontext isoliert, ist jeder willkürlichen Fehlinterpretation Tür und Tor geöffnet. Bei der gründlichen Untersuchung eines Systems als Ganzes ist es von besonderer Wichtigkeit, auf alle Unstimmigkeiten oder Widersprüche innerhalb desselben zu achten. Diese weisen gewöhnlich auf Diskrepanzen der bewußt vertretenen Meinung und des zugrunde liegenden Gefühlsmoments. Calvins Lehre von der Prädestination zum Beispiel, wonach die Entscheidung darüber, ob ein Mensch erlöst werden oder zu ewiger Verdammnis verurteilt sein soll, vor seiner Geburt getroffen sei, ohne daß er imstande wäre, sein Schicksal zu ändern, ist ein schreiender Widerspruch zur Idee der Liebe Gottes. Der Psychoanalytiker muß die Persönlichkeit und die Charakterstruktur jener erforschen, die sich zu bestimmten Denksystemen bekennen, egal, ob es sich um einzelne Menschen oder um Gruppen handelt. Er wird nach der Übereinstimmung von Charakterstruktur und geäußerter Meinung fragen und das Denksystem anhand jener unbewußten Kräfte interpretieren, die sich aus kleinsten Details des manifesten Verhaltens erschließen lassen. Er findet zum Beispiel, daß die Art und Weise, wie ein Mensch sich zu seinem Nachbarn stellt oder wie er zu einem Kinde spricht, oder wie er ißt, geht oder die Hand reicht, oder wie eine Gruppe sich zu einer Minderheit verhält, den Glauben und die Liebe besser ausdrückt als irgendein Glaubensbekenntnis. Aus dem Studium von Denksystemen im Zusammenhang mit der Charakterstruktur wird er versuchen, eine Antwort auf die Frage zu finden, ob und bis zu welchem Grad das Denksystem eine Rationalisierung bedeutet und wie groß das Gewicht des Denksystems ist.

Wenn der Psychoanalytiker sich an erster Stelle für die menschliche Realität hinter religiösen Doktrinen interessiert, wird er die gleiche Realität hinter verschiedenen Religionen

entdecken und entgegengesetzte menschliche Haltungen innerhalb der gleichen Religion. So ist die menschliche Realität, die
den Lehren Buddhas, Jesajas, Christi, Sokrates' oder Spinozas
zugrunde liegt, dem Wesen nach die gleiche. Sie ist bestimmt
vom Streben nach Liebe, Wahrheit und Gerechtigkeit. Die
menschliche Realität hinter Calvins theologischem System und
diejenige hinter autoritären politischen Systemen sind sich
ebenfalls sehr ähnlich. Es ist der Geist der Unterwerfung unter
die Macht und der Mangel an Liebe und Achtung vor dem
Individuum.

So wie elterliche, bewußt empfundene oder ausgedrückte
Sorge für ein Kind ein Zeichen von Liebe sein kann oder den
Wunsch nach Kontrolle und Beherrschung ausdrückt, so kann
ein religiöses Bekenntnis der Ausdruck entgegengesetzter
menschlicher Haltungen sein. Wir verwerfen das Bekenntnis
nicht, aber wir betrachten es perspektivisch in dem Sinn, daß
die dahinterstehende menschliche Realität die dritte Dimension
liefert. Insbesondere im Hinblick auf die Aufrichtigkeit des
Postulats der Liebe bleiben die Worte wahr: »An ihren Früch-
ten sollt ihr sie erkennen« (Mt 7,16,20). Wenn religiöse Lehren
zum seelischen Wachstum, zur Stärke, Freiheit und Glücksfähigkeit ihrer Gläubigen beitragen, erkennen wir die Früchte der
Liebe. Wenn sie die Einengung menschlicher Möglichkeiten,
Unglücklichsein und Mangel an Produktivität zur Folge haben,
können sie nicht aus der Liebe geboren sein, gleichgültig, was
das Dogma zu vermitteln vorgibt.

4

Der Psychoanalytiker
als »Seelenarzt«

Es gibt heute eine Reihe verschiedener psychoanalytischer
Richtungen, von den mehr oder weniger strengen Anhängern
von Freuds Theorie bis zu den »Revisionisten«, die unterein-
ander wieder verschieden sind, je nach dem Maße, in dem
sie die Auffassungen Freuds abgewandelt haben. (Vgl.
Cl. Thompson, 1950; P. Mullahy, 1948.) Für unseren Zweck
jedoch sind diese Unterschiede von geringerer Bedeutung als
der Unterschied zwischen einer Psychoanalyse, deren Ziel an
erster Stelle die *gesellschaftliche Anpassung* ist, und einer anderen Richtung, der es um die *»Kur der Seele«*, um *Seel-Sorge*
geht.[1]

In ihrem ersten Stadium war die Psychoanalyse ein Zweig der
Medizin, und ihr Ziel war die Heilung von Krankheiten. Die
Patienten, die zum Psychoanalytiker kamen, litten an Sympto-
men, die sie in ihrer täglichen Lebensführung behinderten. Diese Symptome drückten sich aus in Zwangsritualen, zwanghaftem Denken, Phobien, paranoiden Denksystemen und so fort.
Der einzige Unterschied zwischen diesen Patienten und jenen,
die zu gewöhnlichen Ärzten gingen, lag darin, daß die Ursachen ihrer Symptome nicht im Körper, sondern in der Seele zu
suchen waren, und sich die Therapie deshalb nicht mit somati-
schen, sondern mit psychischen Erscheinungen befaßte. Doch
unterschied sich das Ziel der psychoanalytischen Heilmethode
nicht von dem der allgemeinen Medizin: Es ging um die Besei-
tigung des Symptoms. Wenn der Patient von psychisch beding-
tem Erbrechen oder Husten befreit war, oder von Zwangs-
handlungen oder zwanghaftem Denken, wurde er für geheilt
gehalten.

Im Laufe ihrer Arbeit wurde es Freud und seinen Mitarbeitern

---

[1] Dabei sei erinnert, daß »Kur« nicht allein die Bedeutung einer Heilbehandlung hat,
die man im modernen Sprachgebrauch gewöhnlich damit verbindet. Vielmehr wird das
Wort auch im weiteren Sinn als »Sorge für (etwas oder jemanden)« gebraucht.

in zunehmendem Maße bewußt, daß das Symptom nur das auffälligste und sozusagen dramatische Merkmal einer neurotischen Störung war und daß man, um dem Patienten dauernde und nicht nur symptomatische Erleichterung zu verschaffen, seinen Charakter analysieren und ihm bei der Neuorientierung des Charakters behilflich sein mußte. Diese Entwicklung wurde durch eine neue Einstellung der Patienten gefördert. Viele Menschen, die den Psychoanalytiker aufsuchten, waren nicht krank im üblichen Sinne des Wortes und wiesen keine der oben erwähnten äußeren Symptome auf. Ebensowenig waren sie geisteskrank. Häufig galten sie auch bei ihren Verwandten und Freunden als nicht krank; und doch litten sie an »Lebensschwierigkeiten« (difficulties in living) – um Harry Stack Sullivans Formulierung des psychiatrischen Problems zu gebrauchen –, die sie veranlaßten, psychoanalytische Hilfe zu suchen. Natürlich waren solche Lebensschwierigkeiten nichts Neues. Immer hat es Menschen gegeben, die sich unsicher oder minderwertig fühlen, die in ihren Ehen kein Glück finden können, Schwierigkeiten bei der Erfüllung ihrer Aufgaben und keine Freude an ihrer Arbeit haben, die sich unmäßig vor anderen fürchten und so fort. Sie hätten Hilfe bei einem Geistlichen, einem Freund, einem Philosophen suchen oder sich mit ihren Leiden »abfinden« können, ohne nach Hilfe irgendwelcher Art zu verlangen.

Das Neue war, daß Freud und seine Schule zum erstenmal eine umfassende Theorie des Charakters boten – eine Erklärung für die Lebensschwierigkeiten, sofern diese in der Charakterstruktur wurzeln, und damit die Hoffnung auf einen Wandel. So kam es, daß die Psychoanalyse das Schwergewicht mehr und mehr anstatt auf die bloße Heilung der neurotischen *Symptome* auf die Behebung von Lebensschwierigkeiten legte, die dem neurotischen *Charakter* entstammen.

Wenn es nun verhältnismäßig einfach ist, zu bestimmen, welches das therapeutische Ziel in Fällen von hysterischem Erbrechen oder Zwangsdenken ist, so ist es weniger einfach, dieses Ziel in Fällen von Charakterneurose zu umreißen. Ja, es ist nicht einmal einfach, zu sagen, worunter der Kranke leidet.

Folgender Fall mag erklären, was mit dieser Feststellung gemeint ist.[2] Ein junger Mann von vierundzwanzig Jahren sucht den Psychoanalytiker auf. Er berichtet, daß er sich, seit er vor zwei Jahren das College absolviert hat, elend fühle. Er arbeitet in der Firma seines Vaters, doch ohne Freude; er ist Launen unterworfen, hat häufig scharfe Konflikte mit seinem Vater, und vor allem fühlt er sich unfähig, auch nur die kleinste Entscheidung zu treffen. Er sagt, all dies habe wenige Monate, bevor er das College verließ, begonnen. Er habe sich sehr für Physik interessiert, und sein Lehrer habe ihm eine bemerkenswerte Begabung für theoretische Physik bestätigt. Er hätte gerne weiterstudiert, um eine Laufbahn als Forscher einzuschlagen. Sein Vater, ein wohlhabender Geschäftsmann und Besitzer einer großen Fabrik, bestand jedoch darauf, der Sohn müsse in das Geschäft eintreten, ihm einen Teil der Last abnehmen und schließlich sein Nachfolger werden. Er begründete es damit, daß er keine anderen Kinder habe; er habe die Firma ganz allein aufgebaut, und der Arzt habe ihm geraten, weniger angestrengt zu arbeiten. Der Sohn wäre undankbar, erklärte er, wenn er unter diesen Umständen den Wunsch des Vaters nicht erfüllte. Das Ergebnis der väterlichen Versprechungen, Warnungen und Appelle an seine Treueverpflichtung war, daß der Sohn nachgegeben hatte und in die Firma eingetreten war. Dann begannen die oben erwähnten Schwierigkeiten.

Wo liegt in diesem Fall das Problem und wie muß die »Kur« aussehen? Es gibt zwei Arten, die Situation zu bewerten. Man kann anführen, der Standpunkt des Vaters sei durchaus vernünftig. Der Sohn hätte ohne große Umstände dem Rat des Vaters folgen sollen und sei nur durch eine irrationale Auflehnung, einen tief verlagerten Widerstand gegen seinen Vater daran gehindert worden. Sein Wunsch, Physiker zu werden, entspringe nicht so sehr seinem Fachinteresse wie seinem Antagonismus gegen seinen Vater und seinem unbewußten Wunsch, dessen Erwartungen zu vereiteln. Obwohl er den Rat des Vaters befolgt habe, habe er doch nicht aufgehört, innerlich gegen ihn anzukämpfen, seit er nachgegeben habe. Seine Schwierig-

[2] Dieses Beispiel ist, wie auch alle anderen klinischen Fälle in diesem Buch, nicht meiner eigenen Praxis entnommen, sondern stammt aus von Studenten vorgelegtem Fall-Material. Einzelheiten wurden verändert, so daß eine Identifizierung unmöglich ist.

keiten stammten aus diesem ungelösten Antagonismus. Wenn dieser durch Aufdecken der tiefliegenden Ursachen behoben werden könnte, so würde er keine Hemmungen mehr haben, Entschlüsse zu fassen, und sein Unmut, seine Zweifel und so weiter wären beseitigt.

Sieht man die Lage von einer anderen Seite her an, so lautet die Argumentation etwa wie folgt. Wenn auch der Vater jeden möglichen Grund haben mag für seinen Wunsch, den Sohn in die Firma eintreten zu sehen, und wenn ihm auch das Recht zusteht, diesen Wunsch auszusprechen, so hat doch seinerseits der Sohn das Recht – und die Pflicht – zu tun, was sein Gewissen und sein Integritätsgefühl ihm vorschreiben. Wenn er überzeugt ist, ein Leben als Physiker sei seinen Gaben und Wünschen am angemessensten, dann hat er dieser inneren Berufung mehr zu folgen als den Wünschen seines Vaters. In der Tat liegt ein Widerstand gegen seinen Vater vor, jedoch kein irrationaler, der in imaginären Gründen wurzelte, die im Verlauf einer Analyse verschwinden würden; vielmehr handelt es sich um einen rationalen Antagonismus, der sich als Reaktion gegen die autoritär-besitzergreifende Haltung des Vaters gebildet hat. Wenn wir die Schwierigkeiten des Patienten unter diesem Gesichtspunkt betrachten, so stellen sich das Leiden und das therapeutische Ziel ganz anders dar als bei der ersten Interpretation. Jetzt besteht das Symptom in der Unfähigkeit, sich in genügendem Maße durchzusetzen und in der Furcht, seine eigenen Pläne und Wünsche zu verfolgen. Der Patient wird erst geheilt sein, wenn er seinen Vater nicht mehr fürchtet. Die Aufgabe der Therapie ist, ihm zu helfen, Mut zu fassen, um sich durchzusetzen und frei zu werden. Bei dieser Einstellung würde man ziemlich viel verdrängte Feindseligkeit gegen den Vater entdecken, aber nicht als Ursache, sondern als Folge des Grundübels. Es ist klar, daß jede der beiden Deutungen zutreffen kann. Aus der Erkenntnis aller Einzelzüge des Charakters des Patienten und seines Vaters muß entschieden werden, welche Interpretation in dem bestimmten Falle die richtige ist. Doch wird das Urteil des Psychoanalytikers auch von seiner Philosophie und seinem Wertsystem beeinflußt sein. Wenn man zu der Auffassung neigt, *Anpassung* an die gesellschaftlichen Muster sei das wichtigste Ziel des Lebens, und praktische Überlegungen, wie die Erhaltung einer Firma, höheres Einkommen, Dankbarkeit gegenüber den Eltern, seien Gründe erster Ordnung, dann wird man eher bereit sein, die innere Not des Sohnes unter dem Gesichtspunkt seiner irrationalen Widersetzlichkeit gegen den Vater zu betrachten. Sieht man andererseits höchste Werte in Integrität, Unabhängigkeit und einer für den Betreffenden sinnvollen Beschäftigung, dann wird man eher die Unfähigkeit des Sohnes zur Selbstbehauptung und die Furcht vor seinem Vater für die Hauptschwierigkeiten halten, die zu überwinden sind.

Ein anderer Fall veranschaulicht das gleiche. Ein begabter Schriftsteller kommt zum Analytiker und klagt über Kopfschmerzen und Schwindelanfälle, für welche nach der Aussage seines Arztes keine organische Ursache vorhanden ist. Er erzählt seine Lebensgeschichte bis zum heutigen Tag. Vor zwei Jahren hat er eine Stellung angenommen, die in bezug auf Einkommen, Ansehen und Sicherheit höchst verlockend war. Im konventionellen Sinne bedeutete es einen gewaltigen Erfolg, diesen Posten erhalten zu haben. Auf der anderen Seite zwang dieser ihn, Dinge zu schreiben, die gegen seine Überzeugung waren und die er selbst nicht glaubte. Er hat viel Energie darauf verwandt, sein Tun mit seinem Gewissen in Einklang zu bringen, indem er komplizierte Gedankengänge konstruierte, um sich selbst zu beweisen, daß seine intellektuelle und moralische Integrität von seiner jetzigen Arbeit nicht berührt werde. Darauf traten Kopfschmerzen und Schwindelgefühl ein. Es ist leicht herauszufinden, daß diese Symptome ein Ausdruck des ungelösten Konflikts zwischen seinem Verlangen nach Geld und Ansehen auf der einen Seite und seiner Gewissensnot auf der anderen waren. Wenn wir aber nach dem krankhaften, neurotischen Element in diesem Zwiespalt fragen, dann werden zwei Psychoanalytiker die Situation vielleicht verschieden ansehen. Man kann anführen, die Annahme des Postens sei ein völlig normaler Schritt, ein Zeichen gesunder Anpassung an unsere Kultur, und die Entscheidung, die der Schriftsteller getroffen hatte, wäre von jedem normalen, gut angepaßten Menschen ebenso gefällt worden. Das neurotische Element sei sein Unvermögen, seinen Entschluß auch wirklich zu bejahen. Möglicherweise finden wir dabei alte, verdrängte Schuldgefühle aus seiner Kindheit, die vom Ödipuskomplex, von Masturbationen oder dergleichen herrühren. Es mag auch eine Tendenz zur Selbstbestrafung in ihm sein, die ihm das Gefühl gibt, genau dann ein schlechter Mensch zu sein, wenn er Erfolg hat. Stellt man sich auf diesen Standpunkt, so ist das therapeutische Problem seine Unfähigkeit, die eigene, vernünftige Entscheidung zu akzeptieren, und der Patient wäre geheilt, wenn er seiner Skrupel Herr werden und sich mit seiner gegenwärtigen Lage zufriedengeben könnte.

Ein anderer Analytiker könnte die Sache vollkommen entgegengesetzt sehen. Er wird von der Annahme ausgehen, die intellektuelle und moralische Integrität könne nicht verletzt werden, ohne daß die Gesamtpersönlichkeit leidet. Der Umstand, daß der Patient in einer kulturell bedingten und allgemein üblichen Weise handelt, ändert an diesem Grundprinzip nichts. Der Unterschied zwischen diesem Menschen und vielen anderen besteht nur darin, daß sein Gewissen lebendig genug ist, um einen akuten Konflikt hervorzurufen, während andere sich dieses Konflikts nicht bewußt werden und keine solchen manifesten Symptome haben. Unter diesem Gesichtspunkt liegt das Problem in der Schwierigkeit für den Schriftsteller, der Stimme seines Gewissens zu folgen, und er wäre geheilt, wenn er seinen jetzigen Posten wieder aufgeben und ein Leben führen könnte, das ihm seine Selbstachtung zurückgäbe.

Ein weiterer Fall wirft von einer etwas anderen Seite her Licht auf das Problem. Ein Geschäftsmann, intelligent, aggressiv, erfolgreich, hat sich mehr und mehr dem Trunk ergeben. Er wendet sich an einen Psychoanalytiker, um vom Trinken geheilt zu werden. Sein Leben ist völlig ausgefüllt von Konkurrenz und Geldverdienen. Nichts anderes interessiert ihn; seine persönlichen Beziehungen dienen alle diesem Ziel. Er versteht sich darauf, Freunde und Einfluß zu gewinnen, aber tief in der Seele haßt er jedermann, mit dem er in Kontakt kommt: seine Konkurrenten, seine Kunden, seine Angestellten. Er haßt sogar die Waren, die er verkauft. Er hat gar kein Interesse an ihnen, ausgenommen als Mittel zum Geldverdienen. Seiner Haßgefühle ist er sich nicht bewußt, doch kann man allmählich aus seinen Träumen und freien Assoziationen schließen, er fühle sich als Sklave des Geschäftes, seiner Waren, aller Leute, die damit zu tun haben. Er hat keine Selbstachtung und betäubt den Schmerz seines Gefühls der Minderwertigkeit und Wertlosigkeit in der Zuflucht zum Trunk. Er hat nie jemanden geliebt und befriedigt seine sexuellen Wünsche in billigen und bedeutungslosen Affären.

Was ist sein Problem? Ist es das Trinken? Oder ist die Trunksucht nur ein Symptom für das wahre Problem, sein Unvermögen, ein sinnvolles Leben zu führen? Kann ein Mensch, der so von sich selbst entfremdet ist, mit so viel Haß und so wenig Liebe leben, ohne sich minderwertig zu fühlen und gestört zu sein? Zweifellos gibt es viele Menschen, die in dieser Weise leben, ohne Symptome und ohne daß sie sich irgendeiner Störung bewußt wären. Ihre Probleme beginnen erst, wenn sie nicht beschäftigt sind, wenn sie allein sind. Aber es gelingt ihnen, die vielen Wege der Flucht vor sich selbst zu benutzen, die unsere Kultur bietet, um jeden Ausdruck ihres Unbefriedigtseins zum Schweigen zu bringen. Diejenigen, in denen sich ein manifestes Symptom entwickelt, beweisen, daß ihre menschlichen Kräfte noch nicht ganz erstickt sind. Etwas in ihnen lehnt sich auf und zeigt den Konflikt an. Sie sind nicht kränker als jene, denen die Anpassung vollkommen gelungen ist. Im Gegenteil, im menschlichen Sinn sind sie gesünder. Von diesem Standpunkt sehen wir das Symptom nicht als den zu besiegenden Feind an, weit eher als den Freund, der darauf weist, daß etwas nicht in Ordnung ist. Der Patient kämpft, mag es noch so wenig bewußt geschehen, um eine humanere Form des Lebens. Sein Problem ist nicht das Trinken, sondern sein moralisches Versagen. Seine Heilung wird nicht dadurch erreicht, daß sie sich auf das sichtbare Symptom richtet. Würde er aufhören zu trinken, ohne sonst etwas in seinem Leben zu ändern, er würde in immer heftigere Konkurrenzsucht getrieben, und mit der Zeit würde sich wahrscheinlich ein anderes Symptom entwickeln, in dem sein Unbefriedigtsein sich entladen würde. Was er braucht, ist jemand, der ihm hilft, die Ursachen für diese Vergeudung seiner besten menschlichen Kräfte aufzudecken und so ihren rechten Gebrauch wieder zu lernen.

Wir sehen, daß es nicht leicht ist, das zu bestimmen, was wir als Krankheit und was wir als Hoffnung ansehen sollen. Die Lösung hängt davon ab, was man für das Ziel der Psychoanalyse hält. Wir fanden, daß nach der einen Auffassung das Ziel der analytischen Kur die *Anpassung* ist. Mit Anpassung ist die Fähigkeit eines Menschen gemeint, so zu handeln wie die Mehrheit der Angehörigen seines Kulturkreises. Für diese Einstellung bilden die Verhaltensmuster, die die Gesellschaft und die Kultur billigen, den Maßstab für die seelische Gesundheit. Dieser wird nicht unter dem Gesichtspunkt universaler menschlicher Normen kritisch geprüft; er drückt eher einen gesellschaftlichen Relativismus aus, mit dem dieses »Richtigsein« ohne weiteres hingenommen und sein Verhalten, das davon abweicht, für verkehrt, also ungesund gehalten wird. Eine Therapie, die weiter nichts erstrebt als gesellschaftliche Anpassung, kann einzig das übermäßige Leiden des Neurotikers auf das Durchschnittsniveau des Leidens herabmindern, das jedem Konformismus mit diesen Mustern eigen ist.

Bei der zweiten Auffassung ist das Ziel der Therapie nicht primär Anpassung, sondern die optimale Entwicklung der Möglichkeiten eines Menschen und die Verwirklichung seiner Individualität. Hier ist der Psychoanalytiker nicht »Ratgeber für Anpassung«, sondern, nach dem Ausdruck Platons, »Seelenarzt«. Diese Einstellung beruht auf der Prämisse, daß es unveränderliche Gesetze gibt, die der menschlichen Natur und dem Gelingen des Menschen eigen sind und die in allen Kulturen wirksam sind. Diese Gesetze können nicht ohne schwere Schädigung der Persönlichkeit verletzt werden. Wenn jemand seiner moralischen und intellektuellen Integrität Gewalt antut, schwächt er seine Gesamtpersönlichkeit oder lähmt sie ganz und gar. Er wird unglücklich und leidet. Wird seine Art zu leben in seinem Kulturkreis gebilligt, dann mag es sein, daß sein Leiden ihm nicht bewußt wird oder daß er es Umständen zuschreibt, die mit seinem wirklichen Problem nichts zu tun haben. Was auch der Leidende selbst darüber denken mag, das Problem der seelischen Gesundheit kann nicht von dem Urproblem des menschlichen Lebens gelöst werden, das Ziel der Integrität und der Fähigkeit zur Liebe zu erreichen.

Mit dieser Unterscheidung zwischen Anpassung und »Seelsorge« habe ich die *Prinzipien* der Therapie beschrieben. Doch will ich damit nicht sagen, daß man in der Praxis so klipp und klar trennen kann. Es gibt viele Arten des psychoanalytischen

Vorgehens, in denen beide Prinzipien miteinander verschmolzen sind. Manchmal liegt das Schwergewicht auf dem einen, manchmal auf dem anderen. Dennoch ist es wichtig, den Unterschied zwischen diesen Prinzipien zu kennen, denn nur dann können wir ihre jeweilige Bedeutung innerhalb einer Analyse erkennen. Ebensowenig möchte ich den Anschein erwecken, als habe man zu wählen zwischen gesellschaftlicher Anpassung und Sorge um die eigene Seele, oder daß die Wahl des Weges der menschlichen Integrität einen notwendig in die Wüste des gesellschaftlichen Abseits führe.

Der »angepaßte« Mensch in dem Sinn, wie ich den Ausdruck hier gebraucht habe, hat sich zu einem Gebrauchsartikel gemacht, an dem nichts klar bestimmt oder bleibend ist außer seinem Bedürfnis, zu gefallen, und seiner Bereitschaft, die Rolle zu wechseln. Solange er mit seinen Bemühungen Erfolg hat, erfreut er sich eines gewissen Grades von Sicherheit. Aber sein Verrat an seinem höheren Selbst, an den menschlichen Werten, schafft in ihm eine Leere und Unsicherheit, die zutage tritt, sobald in seinem Kampf um Erfolg etwas schiefgeht. Sogar wenn alles glatt geht, bezahlt er oft für das äußere Gelingen mit Magengeschwüren, Herzbeschwerden oder irgendeiner anderen psychisch bedingten Krankheit. Der Mensch, der innere Stärke und Integrität erlangt hat, mag oft weniger erfolgreich sein als sein skrupelloser Nachbar, aber er wird über eine innere Sicherheit verfügen, über Urteilsvermögen und Objektivität, die ihn weniger empfindlich machen gegen schicksalhafte Veränderungen und die Meinung der Leute, und die seine Fähigkeit zu aufbauender Arbeit auf vielen Gebieten erhöhen werden.

Es ist klar, daß eine »Anpassungstherapie« keine religiöse Aufgabe haben kann, sofern wir unter religiös die Haltung verstehen, die den ursprünglichen Lehren der humanistischen Religionen gemeinsam ist. Ich möchte nun zeigen, daß die Psychoanalyse als »Seel-Sorge« eine ausgesprochen religiöse Aufgabe in diesem Sinn hat, obwohl sie gewöhnlich zu einer eher kritischen Einstellung gegenüber theistischen Dogmen führen wird.

Versucht man, ein Bild der menschlichen Haltung zu geben, die dem Denken Laotses, Buddhas, der Propheten, Sokrates',

Jesu, Spinozas und der Philosophen der Aufklärung zugrunde liegt, dann ist man betroffen von der Tatsache, daß in all diesen Lehren trotz bedeutsamer Verschiedenheiten ein Kern gemeinsamer Ideen und Normen liegt. Ohne den Versuch einer vollständigen und präzisen Formulierung zu machen, kann man diesen Kern etwa so umschreiben: Der Mensch muß danach streben, die Wahrheit zu erkennen, und kann nur in dem Maße ganz menschlich sein, als ihm diese Aufgabe gelingt. Er muß unabhängig und frei sein, Zweck und Ziel in sich selbst haben und darf nicht zum Mittel für die Zwecke anderer werden. Er muß sich liebend mit seinem Mitmenschen in Beziehung setzen. Wenn er keine Liebe hat, ist er eine leere Hülse, und wenn er alle Macht, allen Reichtum und alle Intelligenz besäße. Der Mensch muß den Unterschied zwischen Gut und Böse kennen, er muß auf die Stimme seines Gewissens hören und ihr folgen.

Die folgenden Ausführungen suchen zu zeigen, daß es das Ziel der psychoanalytischen »Seel-Sorge« ist, dem Patienten zu helfen, die eben als religiös beschriebene Haltung zu erlangen.

In der Erörterung von Freuds Theorie habe ich dargestellt, daß die Erkenntnis der *Wahrheit* ein Hauptziel des psychoanalytischen Prozesses ist. Die Psychoanalyse hat der Auffassung von der Wahrheit eine neue Dimension gegeben. Im vor-analytischen Denken konnte man annehmen, ein Mensch spreche die Wahrheit, wenn er selbst glaube, was er sage. Die Psychoanalyse hat gezeigt, daß diese subjektive Überzeugung keineswegs ein ausreichendes Kriterium für Aufrichtigkeit ist. Ein Mensch kann glauben, daß er aus Gerechtigkeitsgefühl handelt, und doch von Grausamkeit angetrieben werden. Er kann wähnen, von Liebe erfüllt zu sein und in Wahrheit masochistische Abhängigkeit begehren. Jemand kann sich von Pflichtgefühl geleitet glauben, während seine vorrangige Motivation Eitelkeit ist. Tatsächlich werden die meisten Rationalisierungen von dem, der sie gebraucht, für wahr gehalten. Er wünscht nicht nur, daß andere an seine Rationalisierungen glauben, er selbst glaubt an sie, und dies um so glühender, je stärker der Wunsch ist, sich selbst vor der Erkenntnis der wahren Motive zu schützen. Ferner lernt ein Mensch im psychoanalytischen Prozeß unterscheiden, welche seiner Ideen eine Matrix in seinem Gefühlsleben haben und welche nur konventionelle Klischees sind, ohne Wurzel in seiner Charakterstruktur und darum ohne Substanz und Gewicht. Der psychoanalytische Prozeß ist in sich selbst eine Suche nach der Wahrheit. Der Gegenstand dieser Suche ist die Wahrheit über die Erscheinungen innerhalb, nicht außerhalb des Menschen. Sie basiert auf dem Prinzip, daß geistig-seelische Gesundheit und Glücksgefühl nicht erworben werden können, wenn wir nicht unser Denken und Fühlen kritisch daraufhin untersuchen, ob wir nur rationalisieren oder ob unser Glaube auch im Gefühlsleben verankert ist.

Der Gedanke, daß kritische Selbsteinschätzung und die daraus folgende Fähigkeit der Unterscheidung zwischen genuiner und falscher Erfahrung wesentliche Elemente einer religiösen Haltung sind, ist in einem alten religiösen Dokument buddhistischer Herkunft wunderbar ausgedrückt. Wir finden in den Tibetanischen Vorschriften der Gurus eine Aufzählung von zehn jeweils ähnlichen Phänomenen, die man verwechseln kann (W. Y. Evans-Wentz, 1935, S. 77):

»1. Der Wunsch kann mit Glaube verwechselt werden.

2. Gebundensein kann mit Wohlwollen und Mitleid verwechselt werden.

3. Ein Innehalten beim Denken kann mit der Ruhe des unendlichen Geistes – die das wahre Ziel ist – verwechselt werden.

4. Sinnliche Wahrnehmungen (oder Erscheinungen) können mit Offenbarungen (oder mit dem Schimmer) der Wirklichkeit selbst verwechselt werden.

5. Ein bloßer Schimmer der Wirklichkeit selbst kann mit deren gänzlicher Verwirklichung verwechselt werden.

6. Solche, die Religion äußerlich bekennen, sie aber nicht praktizieren, können mit wahrhaft Gläubigen verwechselt werden.

7. Sklaven ihrer Leidenschaften können mit den Meistern des Yoga, die sich von allen konventionellen Gesetzen befreit haben, verwechselt werden.

8. Handlungen, die aus Eigeninteresse ausgeführt werden, können irrtümlich als altruistisch angesehen werden.

9. Täuschungsmanöver können fälschlicherweise als Klugheit betrachtet werden.

10. Scharlatane können mit Weisen verwechselt werden.«

Dem Menschen zur Unterscheidung von wahr und falsch zu verhelfen, ist das Hauptziel der Psychoanalyse, einer therapeutischen Methode, die eine empirische Anwendung des Spruches bedeutet: »Die Wahrheit wird euch frei machen« (Jo 8,32).

Sowohl im humanistischen religiösen Denken als auch in der Psychoanalyse ist die Fähigkeit des Menschen, nach der Wahrheit zu suchen, untrennbar mit der Erlangung von *Freiheit und Unabhängigkeit* verknüpft.

Freud sagt, der Ödipuskomplex sei der Kern jeder Neurose. Er nimmt an, das Kind sei an den Elternteil des entgegengesetzten Geschlechts gebunden, und wenn das Kind diese infantile Fixierung nicht überwinde, sei geistig-seelische Erkrankung die Folge. Ihm erschien die Annahme, inzestuöse Impulse seien eine tiefverwurzelte menschliche Leidenschaft, unausweichlich zu sein. Er gewann diesen Eindruck durch das Studium klinischen Materials; die überall vorhandenen inzestuösen Tabus waren ihm ein zusätzlicher Beweis für seine These. Die volle Bedeutung von Freuds Entdeckung kann jedoch, wie es oftmals der Fall ist, erst erkannt werden, wenn wir sie aus der Sphäre der Sexualität auf diejenige der zwischenmenschlichen Beziehungen übertragen. Das Wesen des Inzests ist nicht das sexuelle Begehren nach Angehörigen der eigenen Familie. Dieses Begehren, soweit es zu finden ist, stellt nur einen Ausdruck des viel tieferen und fundamentalen Wunsches dar, ein Kind zu bleiben und sich an die beschützenden Gestalten zu heften, unter denen die Mutter die erste und einflußreichste ist. Der Fötus lebt mit und von der Mutter, und der Akt der Geburt ist nur ein Schritt in der Richtung auf Freiheit und Unabhängigkeit. Das Kleinkind ist nach der Geburt in vielfacher Weise noch ein Teil der Mutter, und seine Geburt als unabhängiges Wesen ist ein Prozeß, der viele Jahre braucht – ja, genaugenommen ein ganzes Leben. Die Nabelschnur zu durchschneiden, nicht im physischen, sondern im psychologischen Sinn, ist der große Anruf an den Menschen für seine Entwicklung und zugleich seine schwerste Aufgabe. Solange der Mensch durch diese primären Bindungen an Vater, Mutter, Familie gebunden ist, fühlt er sich beschützt und sicher. Er ist immer noch ein Fötus, ein anderer ist für ihn verantwortlich. Er vermeidet die beunruhigende Erfahrung, sich selbst als losgelöste Einheit zu sehen und ist damit aufgefordert, für seine Handlungen selbst verantwortlich zu sein und zu eigenen Urteilen zu kommen, um »sein Leben selbst in die Hand zu nehmen«. Indem er ein Kind bleibt, vermeidet der Mensch nicht nur die Urangst, die notwendigerweise mit dem vollen Bewußtsein, als eigenständiges Selbst ein losgelöstes Wesen zu sein, verbunden ist; er genießt auch die Befriedigung des Schutzes, der Wärme, der fraglosen Zugehörigkeit, die das Glück seiner Kindheit war. Aber er zahlt dafür einen hohen Preis. Ihm gelingt es nicht, ein wirklicher Mensch zu werden und seine Kräfte der Vernunft und der Liebe zu entwickeln; er bleibt abhängig und behält ein Gefühl der Unsicherheit, das sich geltend macht, sobald jene primären Bindungen bedroht sind. All seine geistigen und emotionalen Tätigkeiten sind der Autorität seiner Primärgruppe unterworfen. Daher sind sein Glaube und seine Einsichten nicht wirklich das, was *er* glaubt und einsieht. Er kann Zuneigung fühlen, aber es ist eine Art animalischer Zuneigung, die Wärme des Stalles und nicht menschliche Liebe, die Freiheit und Unabhängigkeit zur Voraussetzung hat. Ein inzestuös orientierter Mensch fühlt sich denen, mit denen er vertraut ist, nah verbunden. Doch ist er nicht imstande, sich eng an den »Fremden« anzuschließen, das heißt an den Menschen als solchen. Bei dieser Einstellung werden alle Gefühle und Ideen, anstatt als gut oder schlecht oder wahr oder falsch, nach dem Maßstab »vertraut« oder »nicht vertraut« beurteilt. Als Jesus sagte: »Denn ich bin gekommen, um den Sohn mit seinem Vater zu entzweien und die Tochter mit ihrer Mutter und die Schwiegertochter mit ihrer Schwiegermutter« (Mt 10,35), wollte er keinen Elternhaß predigen; vielmehr drückt er auf die denkbar unmißverständlichste und drastischste Weise das Prinzip aus, daß der Mensch inzestuöse Bande durchbrechen und frei werden muß, um zum vollen Menschsein zu gelangen.

Die Elternbindung ist nur eine, wenn auch die grundlegendste Form des Inzests. Im Verlauf der sozialen Entwicklung wird sie teilweise durch andere Bindungen ersetzt. Der Stamm, die Nation, die Rasse, der Staat, die soziale Klasse, politische Parteien und viele andere Formen von Institutionen und Organisationen werden zum Ersatz für das Zuhause und die Familie. Hier liegen die Wurzeln des Nationalismus und des Rassismus, die wiederum Symptome für die Unfähigkeit des Menschen sind, sich selbst und andere als freie menschliche Wesen zu erleben. Man möchte sagen, die Entwicklung der Menschheit bedeute den Weg vom Inzest zur Freiheit. Hierin liegt die Erklärung für das universale Vorkommen von Inzest-Tabus. Das Menschengeschlecht hätte sich nicht höher entwickelt, hätte es nicht das Bedürfnis, sich nahe zu sein, über Vater, Mutter und Geschwister hinaus auf weitere Kreise ausgedehnt. Die Liebe zur Frau hängt von der Loslösung von inzestuösem Verlangen ab: »Darum verläßt der Mann Vater und Mutter und bindet sich an seine Frau« (Gen 2,24). Aber die Bedeutung des Tabus in bezug auf den Inzest reicht viel weiter. Das Wachsen der Vernunft und aller vernunftbezogenen Werturteile erfordert, daß der Mensch die inzestuöse Fixierung mit ihrem Kriterium des Vertrauten als Maßstab für richtig und falsch überwindet.

Die Integration kleiner Gruppen in größere und ihre biologischen Folgen wäre ohne Inzest-Tabus nicht möglich gewesen. Kein Wunder, daß ein Ziel von so großer Bedeutung für die gesellschaftliche Entwicklung von mächtigen und universalen Tabus geschützt wurde. Obwohl wir aber schon eine gute Wegstrecke zur Überwindung des Inzests zurückgelegt haben, hat die Menschheit das Ziel noch lange nicht erreicht. Die Gruppierungen, an die der Mensch sich inzestuös gebunden fühlt, sind größer, und der Bereich der Freiheit ist weiter geworden; hingegen sind die Bindungen an die größeren Einheiten, welche den Klan und den heimatlichen Boden ersetzen, immer noch mächtig und stark. Einzig die völlige Ausrottung inzestuöser Fixierung wird die Verwirklichung der menschlichen Brüderlichkeit ermöglichen.

Zusammenfassend kann gesagt werden, daß Freuds Feststellung, der Ödipuskomplex – die inzestuöse Fixierung – sei der »Kern der Neurose«, eine der bedeutsamsten Einsichten in das Problem der geistig-seelischen Gesundheit bringt, wenn wir uns von der engen Anwendung auf die sexuelle Sphäre befreien und sie in ihrer weiten zwischenmenschlichen Bedeutung verstehen. Freud selbst hat angedeutet, daß er etwas meine, was über das bloß Sexuelle hinausgeht.[3] Tatsächlich bildet seine Auffassung, der Mensch müsse Vater und Mutter verlassen und in die Wirklichkeit hineinwachsen, sein Hauptargument gegen die Religion in ›Die Zukunft einer Illusion‹ (S. Freud, 1927c); denn seine dort ausgesprochene Kritik der Religion besteht darin, daß sie den Menschen in den Banden der Abhängigkeit halte und ihn damit hindere, die alles überragende Aufgabe des menschlichen Daseins, nämlich frei und unabhängig zu werden, auf sich zu nehmen.

Natürlich wäre es ein Irrtum anzunehmen, die eben ausgesprochenen Bemerkungen sollten besagen, nur die »Neurotiker« hätten bei dieser Aufgabe der Selbstbefreiung versagt, während der wohlangepaßte Durchschnittsmensch sie erfüllt habe. Das Gegenteil ist der Fall. Die große Mehrzahl der Menschen innerhalb unserer Kultur sind gut angepaßt, weil sie den Kampf um die Unabhängigkeit früher und gründlicher aufgegeben haben als die Neurotiker. Sie haben sich dem Urteil der Mehrheit so vollkommen unterworfen, daß ihnen der scharfe Schmerz des Konflikts, durch den der Neurotiker hindurchgeht, erspart worden ist. Zwar sind sie gesund vom Standpunkt der »Anpassung«, jedoch unter dem Gesichtspunkt der Erfüllung ihrer Aufgabe als menschliches Wesen sind sie kränker als der Neurotiker. Kann es für sie eine vollkommene Lösung geben? Dies wäre der Fall, könnte man ohne Schaden über die Grundgesetze der menschlichen Existenz hinweggehen. Doch das ist nicht möglich. Der »angepaßte« Mensch, der nicht in der Wahrheit lebt und nicht liebt, ist nur von offenkundigen Konflikten verschont. Solange er nicht völlig von seiner Arbeit eingenommen ist, muß er die vielen Fluchtwege gehen, die unsere Kultur ihm anbietet, die ihn vor der beängstigenden Erfahrung schützen, mit sich selbst allein gelassen zu sein und in den Abgrund seiner eigenen Impotenz und menschlichen Schwäche sehen zu müssen.

Alle großen Religionen sind von negativen Formulierungen von Inzest-Tabus zu positiveren Formeln der Freiheit fortgeschritten. Buddha gewann seine Einsichten in der Einsamkeit. Er stellt die extreme Forderung auf, der Mensch müsse sich von

---

[3] Jung hat in seinen frühen Schriften die Notwendigkeit einer solchen Revision des Freudschen Inzestbegriffs klar und überzeugend dargetan.

allen »familiären« Bindungen freimachen, um sich selbst und seine wahre Stärke zu finden. Die jüdisch-christliche Religion ist an diesem Punkt nicht so radikal wie Buddha, jedoch nicht weniger klar. Im Mythos vom Garten Eden wird das Dasein des Menschen als ein Leben vollkommener Sicherheit geschildert. Ihm fehlt das Wissen um Gut und Böse. Die Geschichte des Menschen beginnt mit einem Akt des Ungehorsams, der zugleich der Anfang seiner Freiheit und der Entwicklung seiner Vernunft ist. Die jüdische und besonders die christliche Tradition haben das Element der Sünde betont, aber dabei die Tatsache übersehen, daß der Sündenfall zugleich die Emanzipation aus der Sicherheit des Paradieses bedeutet und damit die Basis für die wahrhaft menschliche Entwicklung des Menschen. Die Forderung, die Bindungen an Blut und Boden zu lockern, hält sich durch das ganze Alte Testament durch. Abraham wird befohlen, sein Land zu verlassen und ein Wanderer zu werden. Moses wächst als Fremdling in einer andersartigen Umwelt auf, fern von seiner Familie und sogar von seinem Volke. Die Bedingung für Israels Auftrag als Gottes auserwähltes Volk ist sein Auszug aus der ägyptischen Sklaverei und seine vierzigjährige Wanderung durch die Wüste. Nachdem Israel sich in seinem eigenen Land niedergelassen hat, fällt es in die inzestuöse Verehrung des Bodens, der Idole und des Staates zurück. Im Mittelpunkt der Lehren der Propheten steht der Kampf gegen diese inzestuöse Verehrung. Statt dessen predigen sie die Grundwerte, die der ganzen Menschheit gemeinsam sind: Wahrheit, Liebe, Gerechtigkeit. Sie greifen den Staat und alle weltlichen Mächte an, welche diesen Normen nicht folgen. Der Staat muß zugrunde gehen, wenn der Mensch sich so sehr an ihn bindet, daß das Wohl des Staates, seine Macht und sein Ruhm der Maßstab für Gut und Böse werden. Die Vorstellung, das Volk müsse in die Wüste zurückkehren und dürfe den heimatlichen Boden erst wieder betreten, wenn es die Freiheit erlangt und mit der Vergötzung von Boden und Staat Schluß gemacht habe, ist der logische Höhepunkt dieses Prinzips, das dem Alten Testament zugrunde liegt, und besonders der messianischen Vorstellung der Propheten.

Erst wenn man über inzestuöse Bindungen hinausgewachsen ist, kann man die eigene Gruppe kritisch beurteilen. Ja, erst dann vermag man überhaupt zu urteilen. Den meisten Gruppen, seien es nun primitive Stämme, Nationen oder Religionen, liegt hauptsächlich an der Erhaltung ihrer eigenen Existenz und der Macht ihrer Führer, und sie mißbrauchen das angeborene moralische Empfinden ihrer Mitglieder, indem sie sie gegen Außenstehende aufwiegeln, mit denen sie im Streit liegen. In Wahrheit benutzen sie die inzestuösen Bindungen, die einen Menschen moralisch an seine Gruppe fesseln, um sein Empfinden und sein Urteil zu ersticken, so daß er Verletzungen der ethischen Grundsätze seiner eigenen Gruppe nicht mehr kritisieren wird, die, würden sie von anderen begangen, ihn zu heftigem Widerspruch veranlaßten.

Es ist die Tragödie aller großen Religionen, daß sie ihre eigenen Prinzipien der Freiheit verletzen und umkehren, sobald sie zu Massenorganisationen werden und sich von einer religiösen Bürokratie beherrschen lassen. Die religiöse Organisation und jene, die sie repräsentieren, treten bis zu einem gewissen Grad an die Stelle von Familie, Stamm und Staat. Sie halten den Menschen in Fesseln, anstatt ihm die Freiheit zu lassen. Nicht mehr Gott wird verehrt, sondern die Gruppe, die in seinem Namen zu sprechen behauptet. Dies ist in allen Religionen geschehen. Ihre Stifter führten die Menschen durch die Wüste, fort von der ägyptischen Sklaverei; indessen haben später andere sie in ein neues Ägypten gebracht und es das Gelobte Land genannt.

Das Gebot »Liebe deinen Nächsten wie dich selbst« (Lev 19,18; Mt 5,43; Lk 10,27) ist, mit nur geringen Abwandlungen im Ausdruck, das allen humanistischen Religionen gemeinsame Grundprinzip. Doch wäre es wohl schwer zu verstehen, warum die großen religiösen Lehrer der Menschheit *geboten* haben, die Menschen sollen einander lieben, wenn Liebe so leicht zu üben wäre, wie die meisten Leute zu glauben scheinen. Was nennt man Liebe? Abhängigkeit, Unterwerfung und die Unfähigkeit, sich von der »Nestwärme« der Familie fortzubewegen, Beherrschung, Besitzergreifung und das Streben nach Macht über andere – all das wird für Liebe gehalten; sexuelle Gier und das Unvermögen, Einsamkeit zu ertragen, werden als Beweise für hohe Liebesfähigkeit angesehen. Die Menschen wähnen, es sei einfach zu *lieben*, jedoch äußerst schwer, *geliebt zu werden*.

Wo die Marketing-Orientierung vorherrscht, glauben sie, nicht geliebt zu werden, weil sie nicht »attraktiv« genug seien, und darunter verstehen sie alles, vom Aussehen, der Kleidung, der Intelligenz uund dem Geldbesitz bis zu gesellschaftlicher Stellung und Geltung. Sie wissen nicht, daß das wahre Problem nicht in der Schwierigkeit besteht, geliebt zu werden, sondern in jener, zu lieben; daß man nur geliebt wird, wenn man selbst lieben kann und damit Liebe in anderen hervorruft, und daß die Fähigkeit zu echtem Lieben, nicht dessen Verfälschung, höchst schwierig zu erwerben ist.

Es gibt kaum eine Situation, in der das Phänomen der Liebe und ihrer mannigfachen Entstellungen so nah und so genau studiert werden kann wie im analytischen Interview. Und es gibt keinen überzeugenderen Beweis dafür, daß das Gebot »Liebe deinen Nächsten wie dich selbst« die wichtigste Lebensnorm ist und seine Verletzung die Grundursache von Unglücklichsein und Geisteskrankheit, als das Material, das ein Psychoanalytiker im Laufe seiner Praxis sammeln kann. Was für Klagen der neurotische Patient auch vorbringen mag, welcher Art immer seine Symptome seien – stets steckt die Wurzel in der Unfähigkeit zu lieben, wenn wir mit Liebe die Fähigkeit meinen, die Fürsorge und die Verantwortung für, die Achtung vor und das wissende Verstehen um eine andere Person zu erfahren und den ausdrücklichen Wunsch, daß der andere wachsen möge. *Analytische Therapie ist im wesentlichen ein Versuch, dem Patienten zum Erwerb oder zum Wiedergewinn seiner Liebesfähigkeit zu verhelfen.* Wenn dies Ziel nicht erreicht wird, können höchstens oberflächliche Wandlungen eintreten.

Die Psychoanalyse zeigt auch, daß Liebe ihrer Natur nach nicht auf eine Person beschränkt bleiben kann. Wer nur einen Menschen liebt und für seinen Nächsten keine Liebe übrig hat, beweist damit, daß die Zuneigung zu dem einen Menschen eine Bindung ist, die auf Unterwerfung oder Beherrschung beruht, aber keine Liebe ist. Und wer seinen Nächsten liebt, aber nicht sich selbst, hat in Wahrheit auch keine echte Liebe zum Nächsten. Liebe beruht auf einer Haltung der Bejahung und der Achtung vor dem anderen, und wo einer diese Haltung nicht auch sich selber gegenüber aufbringt, der doch schließlich auch ein Mensch und ein Nächster ist, da ist sie überhaupt nicht vorhanden. Die menschliche Wirklichkeit hinter dem Begriff der Gottesliebe des Menschen bedeutet in einer humanistischen Religion soviel wie des Menschen Fähigkeit zu produktiver Liebe, zu einer Liebe ohne Gier, ohne Unterwerfung oder Beherrschung, einer Liebe aus der Fülle der Persönlichkeit, genau wie die Liebe Gottes ein Symbol ist für Liebe aus Stärke und nicht aus Schwäche.

Das Vorhandensein von Normen, nach denen der Mensch leben sollte, führt die Vorstellung von deren Verletzung mit sich und damit den Begriff von *Sünde und Schuld.* Es gibt keine Religion, die nicht auf die eine oder andere Art von der Sünde handelte und von den Wegen zu ihrer Erkenntnis und Überwindung. Die verschiedenen Auffassungen von Sünde gehen naturgemäß je nach den verschiedenen Typen von Religion auseinander. In primitiven Religionen besteht die Sünde nur etwa in der Verletzung eines Tabus, mit nur geringer oder gar keiner ethischen Bedeutung. In autoritären Religionen ist Sünde an erster Stelle Ungehorsam gegenüber der Autorität und erst an zweiter die Nichtbeachtung ethischer Normen. In humanistischen Religionen ist das Gewissen nicht die nach innen verlegte Stimme der Autorität, sondern des Menschen eigene Stimme, der Wächter unserer Integrität, der uns zu uns selber zurückruft, wenn wir in Gefahr sind, uns zu verlieren. Sünde ist hier nicht an erster Stelle ein Vergehen gegen Gott, sondern gegen uns selber. (Vgl. E. Fromm, 1947a, GA II, S. 91–109.)

Die Reaktion auf die Sünde hängt ab von der jeweiligen Auffassung und Erfahrung der Sünde. In autoritären Religionen ist die Erkenntnis begangener Sünden mit Furcht verbunden, denn gesündigt zu haben, bedeutet Ungehorsam gegen die mächtigen Autoritäten, die den Sünder bestrafen werden. Moralisches Versagen ist jedesmal eine rebellische Handlung, die nur durch eine neue Orgie der Unterwerfung gesühnt werden kann. Die Reaktion auf das Schuldgefühl ist die, verderbt und ohnmächtig zu sein; der Sündige liefert sich völlig der Gnade der Autorität aus, um dadurch Hoffnung auf Vergebung zu haben. Die Stimmung dieser Art von Reue heißt Furcht und Zittern.

Das Ergebnis dieser Reue ist, daß der Sünder, nachdem er im Gefühl seiner Verderbtheit geschwelgt hat, moralisch geschwächt, von Haß und Abscheu gegen sich selbst erfüllt ist und, wenn die Orgie der Selbstzüchtigung vorbei ist, sich bereit zeigt, aufs neue zu sündigen. Diese Reaktion ist weniger extrem, wenn die Religion eine ritualistische Sühne bietet oder die Worte eines Priesters den Sündigen von der Schuld freisprechen können. Aber er bezahlt für die Erleichterung seiner Reueschmerzen mit der Abhängigkeit von denen, die Absolution erteilen dürfen.

In humanistischen Tendenzen innerhalb der Religionen finden wir eine völlig andere Reaktion auf die Sünde. Hier fehlt der Geist des Hasses und der Intoleranz, der zum Ausgleich für die Unterwerfung in autoritären Systemen immer gegenwärtig ist, und darum wird die Tendenz des Menschen, die Lebensnormen zu verletzen, mit Verständnis und Liebe betrachtet, nicht mit Zorn und Verachtung. Die Reaktion auf die Schulderkenntnis ist statt Selbsthaß der aktive Wille zur Wiedergutmachung. Einige christliche und jüdische Mystiker sahen in der Sünde sogar eine Vorbedingung zur Erlangung von Tugend. Ihre Lehre lautet: Nur wenn wir sündigen und darauf nicht mit Furcht, sondern mit Sorge um unsere Erlösung antworten, können wir wahrhaft menschlich werden. In ihrem Denken – das um die Bejahung der Eigenkraft des Menschen, um seine Gottebenbildlichkeit und die Erfahrung der Freude anstelle der Traurigkeit kreist – bedeutet die Erkenntnis begangener Sünden die Einsicht in die Totalität der eigenen Kräfte und darum keineswegs die Erfahrung der Ohnmacht. Zwei Äußerungen mögen diese humanistische Einstellung gegenüber der Sünde veranschaulichen. Die eine ist das Wort Jesu: »Wer von euch ohne Sünde ist, werfe als erster einen Stein auf sie« (Jo 8,7b). Die andere ist eine für mystisches Denken sehr charakteristische Geschichte: »Wer ein Übel, das er getan hat, immerzu beredet und besinnt, hört nicht auf, das Gemeine, das er tat, zu denken, und was man denkt, darin liegt man, mit der Seele liegt man ganz und gar darin, was man denkt – so liegt er doch in der Gemeinheit: der wird gewiß nicht umkehren können, denn sein Geist wird grob und sein Herz stockig werden, und es mag noch die Schwermut über ihn kommen. Was willst du? Rühr' her den Kot, rühr' hin den Kot, bleibt's doch immer Kot. Ja, gesündigt, nicht gesündigt, was hat man im Himmel davon? In der Zeit, wo ich darüber grüble, kann ich doch Perlen reihen, dem Himmel zur Freude. Darum heißt es: ›Weiche vom Bösen und tue das Gute‹ (Ps 34,15) – wende dich vom Bösen ganz weg, sinne ihm nicht nach und tue das Gute. Unrechtes hast du getan? Tue Rechtes ihm entgegen« (Jizchak Meir von Ger, in: M. Buber, 1949, S. 826 f.).

Das Problem der Schuld spielt in den psychoanalytischen Verfahren keine geringere Rolle als in der Religion. Bisweilen stellt der Patient es als eines seiner Hauptsymptome dar. Er fühlt sich schuldig, weil er seine Eltern nicht so liebt, wie er sollte, weil er seine Arbeit nicht befriedigend leistet, weil er die Gefühle eines anderen verletzt hat. Das Schuldgefühl hat manche Patienten völlig überwältigt, und sie reagieren darauf mit einem Gefühl der Minderwertigkeit, des Verworfenseins und oftmals mit einem bewußten oder unbewußten Verlangen nach Strafe. Gewöhnlich ist es nicht schwer, zu entdecken, daß diese alles durchdringende Schuldreaktion aus einer autoritären Orientierung stammt. Diese Menschen würden ihre Gefühle richtiger ausdrücken, wenn sie, anstatt zu sagen, sie fühlen sich schuldig, eingestehen würden, daß sie sich fürchten, bestraft zu werden oder – noch häufiger – nicht mehr von jenen Angehörigen geliebt zu werden, denen sie ungehorsam waren. Im analytischen Prozeß erkennt der Patient allmählich, daß hinter seinem autoritären Schuldgefühl ein anderes steckt, das von seiner eigenen Stimme, von seinem humanistischen Gewissen herrührt. Nehmen wir an, ein Patient fühlt sich schuldig, weil er in der Promiskuität lebt. Der erste Schritt bei der Analyse dieses Schuldgefühls wird sein, zu zeigen, daß er sich in Wirklichkeit davor fürchtet, sein Verhalten könnte aufgedeckt werden und ihm von seinen Eltern, seiner Frau, der öffentlichen Meinung, der Kirche – kurz von allen, die seiner Meinung nach eine Autorität repräsentieren, vorgeworfen werden. Erst dann wird er fähig sein zu erkennen, daß hinter diesem autoritär bestimmten Schuldgefühl ein anderes verborgen ist. Er wird verstehen lernen, daß seine »Liebes«-Affären in Wahrheit ein Ausdruck seiner Angst vor der Liebe, seiner Unfähigkeit ist, jemanden zu lieben und sich auf eine enge und verantwortete Beziehung einzulassen. Er wird schließlich erkennen, daß dies eine Sünde gegen sich selber ist, weil er seine Liebeskraft vergeudet.

Andere Patienten fühlen sich keineswegs von Schuldgefühl

geplagt. Sie beklagen sich über psychogene Symptome wie depressive Verstimmungen, Unfähigkeit zu arbeiten, unerfülltes Eheglück. Doch auch hier deckt der analytische Prozeß ein geheimes Schuldgefühl auf. Der Patient lernt verstehen, daß die neurotischen Symptome keine isolierten Erscheinungen sind, die unabhängig von ethischen Problemen behandelt werden können. Er wird sich seines eigenen Gewissens bewußt werden und auf seine Stimme hören lernen.

Die Aufgabe des Analytikers besteht darin, ihm in diesem Prozeß des Gewahrwerdens zu helfen, jedoch nicht als Autorität oder als ein Richter, der die Befugnis hat, den Patienten zur Rechenschaft zu ziehen. Er spricht als ein Mensch, der aufgerufen ist, an den Problemen des Patienten teilzunehmen, und einzig mit der Autorität, die seine Teilnahme an dem Patienten und sein eigenes Gewissen ihm geben.

Hat der Patient erst einmal seine autoritären Reaktionen auf die Schuld und die völlige Vernachlässigung des eigentlichen moralischen Problems überwunden, dann beobachten wir eine neue Reaktion, welche in hohem Maße derjenigen gleicht, die ich als kennzeichnend für die humanistisch-religiöse Erfahrung geschildert habe. Die Rolle des Analytikers in diesem Prozeß ist sehr begrenzt. Er kann Fragen stellen, die es dem Patienten noch schwerer machen, seine Einsamkeit zu verteidigen, indem er in ein Selbstmitleid flüchtet oder auf andere Fluchtwege ausweicht. Der Analytiker kann ermutigend wirken, wie jede Gegenwart eines sympathisierenden menschlichen Wesens einem Verängstigten gegenüber wirkt, und er kann dem Patienten helfen, indem er gewisse Zusammenhänge dadurch aufklärt, daß er die symbolische Sprache des Traumes in die Sprache unseres wachen Lebens überträgt. Aber weder der Analytiker noch irgendein anderer können etwas tun, um dem Patienten den mühevollen Prozeß zu ersparen, das, was in seiner Seele vor sich geht, aufzuspüren, zu erfühlen und zu erleben. Tatsächlich bedarf diese Art der Seelenforschung nicht des Analytikers. Jedermann bringt das zustande, wenn er einiges Vertrauen in seine eigenen Kräfte hat und bereit ist, durch Schmerz hindurchzugehen. Den meisten von uns gelingt es, am Morgen zu einer bestimmten Zeit zu erwachen, wenn wir uns dies beim Einschlafen fest vorgenommen haben. So zu sich selbst zu erwachen, daß sich unsere Augen für das, was verborgen war, öffnen, ist schwieriger, aber man bringt es zustande, vorausgesetzt, daß man es ernstlich will. Eines muß dabei ganz klar sein: Es gibt kein Rezept für die Kunst des Lebens oder das Glücklichsein, die in einigen Büchern gefunden werden könnten. Auf die Stimme des Gewissens hören und ihr folgen, führt nicht zu einer Art behaglichem und einschläferndem »Seelenfrieden« *(Peace of Mind)*. Es führt zum Frieden *mit* dem eigenen Gewissen, der, weit entfernt, ein passiver Zustand der Seligkeit und Zufriedenheit zu sein, vielmehr beständige Wachsamkeit unserem Gewissen gegenüber bedeutet, gepaart mit der Bereitschaft, darauf zu antworten.

In diesem Kapitel habe ich zu zeigen versucht, daß die psychoanalytische Seelsorge bestrebt ist, dem Patienten zu einer Einstellung zu verhelfen, die im humanistischen, wiewohl nicht im autoritären Sinn religiös genannt werden kann. Sie sucht ihn zu befähigen, der Wahrheit ins Gesicht sehen zu können, lieben zu können, auf die Stimme des Gewissens aufmerksam zu sein. Doch mag der Leser fragen, ob ich damit nicht eine Einstellung beschrieben habe, die man mit größerem Recht ethisch als religiös nennen kann. Habe ich nicht das spezifische Element beiseite gelassen, welches den religiösen vom ethischen Bereich unterscheidet? Ich glaube, daß der Unterschied zwischen dem Religiösen und dem Ethischen weitgehend, jedoch nicht vollständig ein erkenntnistheoretischer ist. Denn in der Tat scheint es, daß bestimmten Arten religiöser Erfahrung ein Faktor gemeinsam ist, der über das rein Ethische hinausgeht.[4] Doch ist es außerordentlich schwer, wenn nicht gar unmöglich, diesen Faktor der religiösen Erfahrung zu formulieren. Nur die, die selbst diese Erfahrung gemacht haben, verstehen die Formulierung, und gerade sie bedürfen ihrer nicht. Diese Schwierigkeit

---

[4] Die Art der religiösen Erfahrung, die ich hiermit meine, ist jene, die für die indische religiöse Erfahrung, für die christliche und jüdische Mystik und für den Pantheismus Spinozas charakteristisch ist. Ich halte dafür, daß im Gegensatz zur populären Ansicht die Mystik keine irrationale Art religiöser Erfahrung ist, sondern daß sie wie das hinduistische und buddhistische Denken und der Spinozismus zeigen, die höchste Entwicklungsform des Rationalismus im religiösen Denken ist. Albert Schweitzer hat es so ausgedrückt: »Das zu Ende gedachte Denken führt also irgendwo und irgendwie zu einer lebendigen, für alle Menschen denknotwendigen Mystik« (A. Schweitzer, 1951, S. 57).

ist dem Grad nach zwar größer, aber grundsätzlich nicht verschieden von derjenigen, eine Gefühlserfahrung in Wortsymbolen auszudrücken. Ich möchte wenigstens den Versuch wagen und andeuten, was ich mit dieser spezifisch religiösen Erfahrung meine und welches ihre Beziehung zum psychoanalytischen Prozeß ist.

Ein Aspekt der religiösen Erfahrung ist das Sich-Wundern, das Staunen, das Gewahrwerden des Lebens und der eigenen Existenz und des rätselhaften Problems, zur Welt bezogen zu sein. Die Existenz – nicht nur die eigene, auch die des Mitmenschen – wird nicht einfach als gegeben hingenommen; sie wird als Problem aufgefaßt, als Frage, nicht als Antwort. Sokrates' Feststellung, das Staunen sei aller Weisheit Anfang, gilt nicht nur für die Weisheit, sie trifft auch auf die religiöse Erfahrung zu. Wer nie stutzig geworden ist, wer nie in der Tatsache des Lebens und seiner eigenen Existenz Erscheinungen gesehen hat, die Antworten erfordern und auf die doch paradoxerweise die einzigen Antworten neue Fragen sind – der kann kaum verstehen, was eine religiöse Erfahrung ist.

Ein anderer Bestandteil der religiösen Erfahrung ist das, was Paul Tillich »das, was uns unbedingt angeht« genannt hat. Es ist nicht die leidenschaftliche Sorge um die Erfüllung unserer Wünsche, weit eher das Ergriffensein, das mit der eben genannten Einstellung des Staunens verquickt ist: ein unbedingtes Betroffensein von der Frage nach dem Sinn des Lebens, von der der Selbstverwirklichung des Menschen, von der der Erfüllung der Aufgabe, die das Leben uns stellt. »Das, was uns unbedingt angeht«, rückt alle Wünsche und Ziele, sofern sie nicht dem Wohl der Seele und der Selbstverwirklichung dienen, an zweite Stelle, ja, sie werden bedeutungslos im Vergleich zu dem Gegenstand dessen, »was uns unbedingt angeht«. Dies schließt notwendigerweise die Trennung zwischen dem Heiligen und dem Weltlichen aus, weil bei einer solchen Trennung das Weltliche untergeordnet ist und vom Heiligen geprägt wird.

Jenseits dieser Einstellung des Staunens und Betroffenseins gibt es ein drittes Element der religiösen Erfahrung, das am deutlichsten von den Mystikern dargestellt und beschrieben wird. Es ist die Haltung des Einsseins nicht nur mit sich selbst, nicht allein mit dem Nächsten, sondern mit allem Leben und darüber hinaus mit dem Universum. Es mag manchem erscheinen, als ob durch diese Haltung die Einmaligkeit und die Individualität des einzelnen geleugnet und die Selbsterfahrung geschwächt würde. Daß dies nicht zutrifft, macht die paradoxe Eigenart dieser Haltung aus. Sie umfaßt sowohl das deutliche und sogar schmerzliche Gewahrwerden des eigenen Selbst als einer abgetrennten und vereinzelten Größe als auch die Sehnsucht, die Schranken dieses individuellen Daseins zu durchbrechen und mit dem All eins zu werden. Die religiöse Haltung dieser Art bedeutet das vollkommenste Erlebnis der Individualität und zugleich dessen Gegenteil. Es ist nicht sosehr eine Vermischung beider als eine Polarität, aus deren Spannung die religiöse Erfahrung erwächst; eine Haltung des Stolzes und der Integrität und gleichzeitig der Demut, weil man sich selbst als ein winziges Fädchen im Gewebe des Universums erfährt.

Steht der psychoanalytische Prozeß in irgendeinem Zusammenhang mit dieser Art religiöser Erfahrung?

Es wurde schon gesagt, daß er eine Haltung unbedingten Betroffenseins voraussetzt. Nicht weniger wahr ist, daß er im Patienten einen Sinn für das Staunen und Fragen hervorzurufen sucht. Ist dieser Sinn einmal erwacht, so findet er Antworten, die seine eigenen sind. Ist er noch nicht wach geworden, dann kann keine Antwort, die der Psychoanalytiker zu geben vermag, auch nicht die beste und wahrste, ihm irgendwie weiterhelfen. Dieses Staunen ist der bedeutendste therapeutische Faktor bei der Analyse. Ist der Patient hierzu nicht fähig, dann betrachtet er seine Reaktionen, seine Wünsche und Ängste als selbstverständlich und interpretiert seine Schwierigkeiten als Folgen der Handlungsweise anderer, als Pech, als in seiner Veranlagung begründet oder sonst was. Wenn die Analyse wirksam ist, dann nicht, weil der Patient neue Theorien über die Ursachen seines Unglücklichseins übernommen, sondern weil er die Fähigkeit erworben hat, sich in echter Weise überraschen zu lassen; er staunt über die Entdeckung eines Teils seiner selbst, den er nie bei sich vermutet hätte.

Dieser Prozeß der Durchbrechung der Schranken des organisierten Selbst – des Ichs – und des Kontakts mit dem ausgeschlossenen, abgetrennten Teil, dem Unbewußten – dieser Prozeß ist der religiösen Erfahrung des Ausbruchs aus der Vereinzelung und dem Gefühl des Einsseins mit dem All eng verwandt. Jedoch ist der Begriff des Unbewußten, den ich hier verwende, weder ganz derjenige Freuds noch der Jungs.

In Freuds Denken ist das Unbewußte im wesentlichen das in uns, was schlecht ist, das Verdrängte, das, was mit den Anforderungen unserer Kultur und unseres höheren Selbst unvereinbar ist. In Jungs System wird das Unbewußte zur Quelle der Offenbarung, ein Symbol für das, was in religiöser Sprache Gott selber ist. In seiner Auffassung ist allein schon die Tatsache, daß wir dem Diktat unseres Unbewußten unterworfen sind, ein religiöses Phänomen. Ich glaube, daß diese beiden Auffassungen des Unbewußten einseitige Verzerrungen der Wahrheit sind. Unser Unbewußtes – das ist der Teil unseres Selbst, der von unserem organisierten Ich, das wir fälschlich mit unserem Selbst identifizieren, abgesondert ist – enthält sowohl das Niedrigste als auch das Höchste, das Schlechteste wie das Beste. Wir müssen uns dem Unbewußten nähern, nicht als sei es ein Gott, den wir anzubeten haben, noch wie einem Drachen, den es zu erschlagen gilt; vielmehr in Demut, mit einem tiefen Sinn für Humor, mit dessen Hilfe wir jeden anderen Teil von uns selbst so sehen, wie er ist, weder mit Furcht noch mit Ehrfurcht. Wir entdecken in uns Wünsche, Ängste, Ideen, Einsichten, die wir aus unserem bewußten Sein ausgeschlossen und in anderen beobachtet haben, doch nicht in uns selbst. Es ist wahr, daß wir notwendigerweise nur einen begrenzten Teil aller Möglichkeiten in uns realisieren können. Viele andere haben wir auszuschließen, denn ohne einen solchen Ausschluß könnten wir unser kurzes Leben nicht führen. Außerhalb der Grenzen unserer partikulären Ich-Organisation sind jedoch alle menschlichen Möglichkeiten in uns, ja die ganze Menschheit. Wenn wir mit diesem abgetrennten Teil in Berührung kommen, behalten wir die Individualität unserer Ich-Struktur bei, aber wir erleben dieses einzigartige und individuelle Ich als nur eine der unendlich vielen Variationen des Lebens, so wie jeder Tropfen des Weltmeers von den anderen verschieden und dennoch der gleiche ist wie alle anderen, weil sie allesamt Spielarten ein und desselben Ozeans sind.

Durch den Kontakt mit dieser abgetrennten Welt des Unbewußten ersetzt man das Prinzip der Verdrängung durch das der

Durchdringung und Integration. Verdrängung ist ein Akt der Gewalt, des Abschneidens, ein Akt im Namen von »Gesetz und Ordnung«. Sie unterbindet den Zusammenhang zwischen unserem Ich und dem nicht organisierten Leben, aus dem es stammt, und macht unser Selbst zu etwas Fertigem, nicht mehr Wachsendem und darum Totem. Indem wir die Verdrängung auflösen, erlauben wir uns, den Lebensprozeß zu spüren, und vertrauen dem Leben mehr als der »Ordnung«.

Ich kann die Erörterung der religiösen Aufgabe der Psychoanalyse nicht verlassen – so unvollständig sie in jedem Fall ist –, ohne noch einen Faktor von großer Bedeutung zu erwähnen. Ich denke an etwas, was häufig zu einem der größten Einwände gegen Freuds Methoden gemacht worden ist, nämlich die Tatsache, daß so viel Zeit und Mühe für eine einzelne Person aufgewandt wird. Ich glaube dagegen, daß es vielleicht keinen größeren Beweis für die Genialität Freuds gibt als seinen Rat, sich die Zeit zu nehmen, auch wenn es Jahre dauern sollte, um einem einzigen Menschen zu innerer Freiheit und Glücksfähigkeit zu verhelfen. Dieser Gedanke wurzelt im Geist der Aufklärung, welche als Krönung der gesamten humanistischen Entwicklung der westlichen Kultur die Würde und Einmaligkeit des Individuums über alles stellte. Aber so nahe er jenen Grundsätzen verwandt bleibt, sosehr steht dieser Gedanke im Gegensatz zum intellektuellen Klima unserer Zeit. Wir neigen dazu, in Begriffen der Massenproduktion und des Rationellen zu denken. Soweit dies Gebrauchsartikel betrifft, hat es sich als äußerst fruchtbar erwiesen. Aber wenn der Gedanke der Massenproduktion und das Prinzip des Rationellen auf das Problem des Menschen und das Gebiet der Psychiatrie übertragen wird, zerstören sie die Grundlage selbst, von der aus es erst sinnvoll wird, mehr und bessere Dinge hervorzubringen.

5
Ist die Psychoanalyse
eine Bedrohung für die Religion?

Bisher habe ich zu zeigen versucht, daß wir nur dann an die Beantwortung dieser Frage herangehen können, wenn wir zwischen autoritärer und humanistischer Religion und ebenso zwischen »Anpassungs-Beratung« und »Seelsorge« unterscheiden. Versäumt habe ich bisher, verschiedene Aspekte der Religion zu erörtern, die voneinander unterschieden werden müssen, wenn wir feststellen wollen, welche von ihnen durch die Psychoanalyse und andere Faktoren der modernen Kultur bedroht sind und welche nicht. Die besonderen Aspekte, die ich nunmehr unter diesem Gesichtspunkt behandeln möchte, sind der erfahrungsmäßige Aspekt, der wissenschaftlich-magische, der ritualistische und der semantische Aspekt der Religion.

Mit dem erfahrungsmäßigen Aspekt meine ich religiöses Gefühl und religiöse Hingabe. Die den Lehren der Stifter aller großen östlichen und westlichen Religionen gemeinsame Haltung besagt, das höchste Ziel des Lebens sei die Sorge um die Seele des Menschen und die Entfaltung seiner Kräfte der Vernunft und der Liebe. Die Psychoanalyse, weit entfernt davon, dieses Ziel zu gefährden, kann im Gegenteil sehr viel zu seiner Erreichung beitragen.

Ebensowenig kann dieser Aspekt von irgendeiner anderen Wissenschaft bedroht werden. Es ist undenkbar, daß irgendeine Entdeckung auf naturwissenschaftlichem Gebiet eine Bedrohung des religiösen Gefühls werden könnte. Im Gegenteil, ein verstärktes Gewahrwerden der Natur des Weltalls, in dem wir leben, kann dem Menschen nur helfen, stärkeres Selbstvertrauen zu gewinnen und zugleich bescheidener zu werden. Was die Sozialwissenschaften betrifft, so kann das durch sie angebahnte und wachsende Verständnis der Natur des Menschen und der sie beherrschenden Gesetze die Entfaltung einer religiösen Haltung weit eher fördern als sie gefährden.

Die Bedrohung der religiösen Haltung liegt nicht in den Wissenschaften, sondern vielmehr in den vorherrschenden Praktiken des täglichen Lebens. Hier hat der Mensch aufgehört, in sich selbst den höchsten Lebenszweck zu erkennen; er hat sich zum Werkzeug der großen Wirtschaftsmaschine gemacht, die seine Hände gebaut haben. Er ist mehr mit Fragen der Effizienz und des Erfolges beschäftigt als mit seinem Glücklichsein und dem Wachstum seiner Seele. Noch genauer gesagt: was die Orientierung, die religiöse Haltung am meisten gefährdet, ist das, was ich die Marketing-Orientierung des modernen Menschen genannt habe. (Vgl. E. Fromm, 1947a, GA II, S. 47–56.)

Erst in der gegenwärtigen Zeit hat die Marketing-Orientierung ihre dominante Rolle als Ausrichtung des Charakters erlangt. Auf dem Personal-Markt sind alle Berufe, Erwerbstätigkeiten und sozialen Stellungen vertreten: Arbeitgeber, Arbeitnehmer und freie Berufe – für jeden hängt sein materieller Erfolg davon ab, ob er von denen akzeptiert wird, die seine Dienste in Anspruch nehmen könnten.

Wie auf dem Warenmarkt reicht auch hier der *Gebrauchswert* nicht aus, um den *Tauschwert* zu bestimmen. Der »Persönlichkeitsfaktor« wiegt bei der Festsetzung des Marktwerts mehr als das Können und spielt meistens die entscheidende Rolle. Wenn es auch wahr ist, daß die gewinnendste Persönlichkeit den völligen Mangel an Können nicht ausgleichen kann – denn tatsächlich würde unser Wirtschaftssystem unter solchen Umständen nicht funktionieren –, so ist es doch selten, daß berufliche Fähigkeit und Integrität für den Erfolg ausschlaggebend sind. Die Formeln, die dem Warenpaket »Persönlichkeit« aufgeklebt sein müssen, lauten vielmehr: »sich selbst verkaufen«, »seine Persönlichkeit an den Mann bringen«, ferner »Tüchtigkeit«, »Ehrgeiz«, »Freundlichkeit«, »Aggressivität« und so fort. Andere Momente wie der familiäre Hintergrund, die Zugehörigkeit zu Klubs, Verbindungen und Einfluß, sind ebenfalls wichtige Desiderate und pflegen, wenn auch auf verdeckte Art, als Grundbestandteile des angebotenen Gebrauchsartikels angepriesen zu werden. Einer bestimmten Religion anzugehören und sie auszuüben, wird ebenfalls weitgehend als eine Voraussetzung für Erfolg angesehen. Jeder Beruf, jede Branche hat ihre Vorstellung vom Erfolgstyp. Der Verkäufer, der Bankangestellte, der Vorarbeiter und der Oberkellner erfüllen diese Forderungen, jeder auf seine Art und in verschiedenem Maße, aber ihre Rollen sind unverkennbar, sie haben sich der Hauptvoraussetzung angeglichen: sie müssen »gefragt« sein.

Es ist unvermeidlich, daß die Haltung des Menschen sich selbst gegenüber unter diesen Erfolgsmaßstäben leidet. Sein Selbstwertgefühl beruht nicht mehr in erster Linie auf dem Wert seiner Kräfte und deren Gebrauch innerhalb einer gegebenen Gesellschaft. Es hängt vielmehr von seiner »Verkäuflichkeit« auf dem Markt oder doch von der Meinung anderer über seine »Attraktivität« ab. Er erfährt sich selbst als einen Gebrauchsartikel, der darauf abgestimmt ist, die günstigsten und einträglichsten Bedingungen zu erzielen. Je höher der angebotene Preis, desto größer seine Wertschätzung. Der »Gebrauchsmensch« weist hoffnungsvoll sein Etikett vor, versucht sich vor dem Sortiment auf dem Ladentisch auszuzeichnen und den höchst bezifferten Preiszettel zu erlangen. Wenn er jedoch übergangen wird, während andere ausgewählt werden, ergreift ihn ein Gefühl der Minderwertigkeit und der Wertlosigkeit. Wie hoch jedoch auch sein Schätzwert seinen menschlichen Qualitäten und seiner Brauchbarkeit nach sein mag, er kann doch das Pech haben – und den Vorwurf ertragen müssen – aus der Mode gekommen zu sein.

Er hat von Kindheit auf gelernt, daß nur der gefragt ist, der modern ist, und daß er sich deshalb dem Personal-Markt angleichen muß. Die Tugenden, die er gelehrt wird – Ehrgeiz, Sparsinn und Anpassungsfähigkeit an die Forderungen anderer –, sind noch zu allgemeine Eigenschaften, um das Erfolgsschema zu liefern. Er wendet sich populären Romanen, der Presse, dem Film zu, um sich die spezifischen Bilder aus der Geschichte des Erfolgs einzuprägen, und findet dort die flottesten, neuesten Modelle des Marktes, mit denen es zu wetteifern gilt.

Es kann kaum überraschen, daß unter diesen Umständen das Gefühl des eigenen Wertes schwer leiden muß. Die Voraussetzungen für sein Selbstwertgefühl sind außerhalb seiner Einflußmöglichkeit: Der Mensch hängt vom Beifall der anderen ab und bedarf seiner immerfort; Hilflosigkeit und Unsicherheit sind die unvermeidlichen Folgen. Er verliert in der Marketing-Orientierung die Identität mit sich selber; er wird sich selbst fremd.

Wenn der höchste Wert des Menschen der Erfolg ist, wenn Liebe, Wahrheit, Gerechtigkeit, Zärtlichkeit und Mitgefühl ihm nicht von Nutzen sind, dann mag er sich zu diesen Idealen bekennen, aber er wird nicht nach ihnen streben. Er mag sich einbilden, den Gott der Liebe anzubeten, in Wahrheit jedoch verehrt er ein Götzenbild, das die Idealisierung seiner realen Ziele darstellt, nämlich jener, die in seiner Marketing-Orientierung wurzeln. Die Leute, denen allein an der Fortexistenz der Religion als solcher und ihrer Kirchen gelegen ist, mögen sich mit dieser Situation abfinden. Der Mensch wird den Hafen der Kirche und der Religion aufsuchen, weil seine innere Leere ihn zwingt, Unterschlupf zu finden. Doch das Bekenntnis zu einer Religion bedeutet nicht, daß jemand auch religiös ist.

Denen aber, denen es um die religiöse Erfahrung geht, einerlei, ob sie Religionsanhänger sind oder nicht, werden vollgedrängte Kirchen und Bekehrungen noch keine Befriedigung bringen. Sie werden die strengsten Kritiker unserer weltlichen Praktiken sein und erkennen, daß die Selbstentfremdung des Menschen, seine Gleichgültigkeit gegenüber sich und anderen, die ihre Wurzeln in unserer gesamten weltlichen Kultur haben, die wahre Bedrohung einer religiösen Haltung bedeuten, und nicht etwa die Psychologie oder andere Wissenschaften.

Ganz verschieden hiervon ist die Einwirkung des wissenschaftlichen Fortschritts auf einen anderen Aspekt der Religion: den *wissenschaftlich-magischen*.

Während der Frühzeit seines Kampfes ums Dasein war der Mensch zweifach behindert: durch seinen Mangel, die Naturkräfte um ihn zu verstehen, und durch seine relative Hilflosigkeit, sie zu nutzen. Er bildete sich Theorien über die Natur und erfand gewisse Praktiken, um mit ihr fertig zu werden, und diese wurden ein Teil seiner Religion. Diesen Aspekt der Religion nenne ich den wissenschaftlich-magischen, weil er mit der Wissenschaft deren Aufgabe gemeinsam hatte, die Natur zu verstehen, um Techniken für ihre nutzbringende Handhabung zu erfinden. Solange die Kenntnis des Menschen von der Natur und seine Fähigkeit, sie zu beherrschen, gering waren, nahm selbstverständlich dieser Aspekt der Religion einen wesentlichen Platz in seinem Denken ein. Wenn er sich über die Bewegung der Sterne oder das Wachstum der Bäume verwunderte oder sich Gedanken machte, wie Überschwemmungen, Blitze, Erdbeben zustande kamen, vermochte er Hypothesen aufzustellen, welche diese Geschehnisse analog zu seiner menschlichen Erfahrung erklärten. Er nahm an, Götter und Dämonen stünden hinter diesen Ereignissen, genauso wie er beobachtete, daß die zwischenmenschlichen Beziehungen willkürliche Einflüsse auf die Ereignisse im eigenen Leben hatten. Solange die produktiven Kräfte, die der Mensch in der Landwirtschaft nötig hatte und zur Herstellung von Geräten brauchte, unentwickelt waren, bat er seine Götter um Hilfe. Ging es um Regen, so betete er darum. Standen die Saaten schlecht, so betete er zu den Göttinnen der Fruchtbarkeit. Befürchtete er Überschwemmungen oder Erdbeben, so wandte sich sein Gebet an jene Götter, die er für diese Vorkommnisse verantwortlich machte. Es ist tatsächlich möglich, aus der Geschichte der Religion den Stand der Wissenschaft und der technischen Entwicklung in den jeweiligen geschichtlichen Perioden abzulesen. Der Mensch nahm Zuflucht zu den Göttern für die Erfüllung seiner praktischen Bedürfnisse, die er allein nicht befriedigen konnte; jene Bedürfnisse, für die er nicht betete, konnte er bereits mit eigener Kraft befriedigen. Je mehr der Mensch die Natur versteht und bemeistert, desto weniger bedarf er der Religion zur wissenschaftlichen Erklärung und als magisches Mittel zu ihrer Bewältigung. Wenn die Menschheit imstande sein wird, genug Nahrungsmittel für alle zu produzieren, dann braucht der Mensch nicht mehr um das tägliche Brot zu beten. Er kann es durch seine eigene Anstrengung bewirken. Je weiter Wissenschaft und Technik fortschreiten, desto weniger hat der Mensch es nötig, der Religion eine Aufgabe zuzuschreiben, die nur geschichtlich gesehen religiös ist, nicht aber im Sinn der religiösen Erfahrung. Die westlichen Religionen haben diesen wissenschaftlich-magischen Aspekt zum Wesensbestand ihres Systems gemacht und sich damit der fortschreitenden Entwicklung der menschlichen Erkenntnis widersetzt. Dies trifft für die großen Religionen des Ostens nicht zu. Dort herrscht immer die Neigung, scharf zu unterscheiden zwischen dem Teil der Religion, der vom Menschen handelt, und jenen Aspekten, die eine Naturerklärung zu geben versuchen. Fragen, die im Westen zu heftigem Streit und zu Verfolgungen führten, beispielsweise ob die Welt endlich sei oder nicht, ob das Universum ewig sei und dergleichen mehr, wurden im Hinduismus oder im Buddhismus mit feinem Humor und leiser Ironie behandelt. Wenn Buddha von seinen Schülern solche Fragen gestellt wurden, antwortete er immer wieder: »Ich weiß es nicht, und es kümmert mich nicht, denn, wie immer auch die Antwort lautet, sie hat nicht mit dem einzig wichtigen Problem zu tun: wie man menschliches Leid verringern kann.«

Der gleiche Geist ist wundervoll ausgedrückt in einem Rig-veda:

»Wer weiß es wahrhaftig, und wer hier kann es erklären, wann diese Schöpfung entstanden und woher sie gekommen?

Die Götter sind jünger als die Erschaffung der Welt. Wer weiß dann, wann sie zuerst ins Leben getreten?

Er, der Ursprung ist dieser Schöpfung, ob er alles an ihr gestaltet oder nicht,

Dessen Auge die Welt beherrscht im höchsten Himmel – er weiß es in Wahrheit, *oder vielleicht weiß er es nicht*« (R.T.H. Griffith, 1897, Band II, S. 576).

Mit der gewaltigen Entwicklung des wissenschaftlichen Denkens und dem Fortschritt in Industrie und Landwirtschaft wurde unvermeidlicherweise der Konflikt zwischen den wissenschaftlichen Behauptungen der Religion und denen der Forschung immer akuter. Die meisten antireligiösen Argumente der Aufklärung richteten sich nicht gegen die religiöse Haltung, sondern gegen den Anspruch der Religion, ihre wissenschaftlichen Behauptungen müßten auf Treu und Glauben hingenommen werden. In jüngster Zeit haben sowohl Religionsanhänger als auch eine Anzahl von Wissenschaftlern mancherlei Versuche gemacht, um darzutun, daß der Konflikt zwischen den religiösen Ansichten und den Auffassungen, welche die neuesten naturwissenschaftlichen Entwicklungen mit sich bringen, sich während der letzten fünfzig Jahre verringert habe. Eine große Menge Beweismaterial ist zur Unterstützung dieser These beigebracht worden. Doch glaube ich, daß diese Argumente das zentrale Problem nicht treffen. Selbst wenn man sagen könnte, daß die jüdisch-christliche Auffassung vom Ursprung der Welt eine ebenso haltbare Hypothese sei wie irgendeine andere, dann bezieht sich dieses Argument auf den wissenschaftlichen

Aspekt der Religion und nicht auf den religiösen. Die Antwort lautet: Worauf es ankommt, ist das Wohlergehen der Seele, und Hypothesen über die Natur und ihre Erschaffung haben hierfür keine Bedeutung; dies ist heute noch ebenso wahr wie zu der Zeit, da die Veden oder Buddha dies verkündeten.

In unserer Erörterung der vorangegangenen Kapitel habe ich den *ritualistischen* Aspekt der Religion vernachlässigt, obwohl Rituale zu den wesentlichsten Elementen einer jeden Religion gehören. Die Psychoanalytiker haben dem Ritual besondere Aufmerksamkeit gewidmet, weil ihre Beobachtungen an Patienten neue Einblicke in die Natur der religiösen Formen zu versprechen schienen. Sie haben entdeckt, daß gewisse Typen von Patienten Rituale privaten Charakters pflegen, die mit ihrem religiösen Denken und Tun nichts zu schaffen haben und dennoch den religiösen Formen stark zu gleichen scheinen. Psychoanalytische Untersuchung vermag zu zeigen, daß ein zwanghaftes ritualistisches Verhalten eine Folge starker Affekte ist, welche dem Patienten als solche nicht zu Bewußtsein kommen und mit denen er sozusagen hinter seinem eigenen Rücken auf ritualistische Weise fertig zu werden sucht. In dem besonderen Fall des Waschzwanges entdeckt man, daß dieses Ritual ein Versuch ist, ein starkes Schuldgefühl loszuwerden. Dieses ist nicht durch irgend etwas, was der Patient wirklich getan hätte, verursacht; es entstammt zerstörerischen Impulsen, deren er sich nicht bewußt ist. In dem Waschritual sucht er fortwährend die Zerstörungen wiedergutzumachen, die er unbewußt geplant und die nie das Bewußtsein erreichen dürfen. Er bedarf dieses Rituals, um mit seinem Schuldgefühl fertig zu werden. Wird er jedoch seiner zerstörerischen Impulse gewahr, dann kann er sich unmittelbar mit ihnen befassen, und wenn er die Quelle seiner Destruktivität kennt, ist es ihm schließlich möglich, sie auf ein erträgliches Maß zu beschränken. Das Zwangsritual hat eine doppelte Funktion. Es schützt zwar den Patienten vor dem ihm unerträglichen Schuldgefühl, doch zugleich wohnt ihm die Tendenz inne, diese Impulse zu verewigen, weil sie nur indirekt betroffen werden.

Kein Wunder, daß die Psychoanalytiker, die sich der Religion zuwandten, um die religiösen Rituale zu studieren, frappiert waren über die Ähnlichkeit zwischen den privaten Zwangsritualen ihrer Patienten und den gesellschaftlich geformten Zeremonien der Religionen. Sie erwarteten nun, daß die religiösen Riten sich nach demselben Mechanismus vollziehen wie die neurotischen Zwänge. Sie deckten unbewußte Triebkräfte auf, zum Beispiel einen destruktiven Haß gegen die Vatergestalt, wie sie in Gott versinnbildlicht ist und von denen sie glaubten, daß sie entweder direkt ausgedrückt oder durch das Ritual abgewehrt werden müssen. Ohne Zweifel haben Psychoanalytiker, die diese Richtung verfolgten, eine wichtige Entdeckung über die Natur vieler religiöser Rituale gemacht, wenn auch ihre speziellen Erklärungen nicht immer das Richtige trafen. Da sie hauptsächlich mit pathologischen Erscheinungen beschäftigt waren, übersahen sie häufig, daß Rituale nicht notwendig den gleichen irrationalen Charakter haben wie in Zwangsneurosen. Sie unterschieden nicht zwischen solchen irrationalen Ritualen, die durch Verdrängung irrationaler Impulse entstanden sind, und *rationalen Ritualen,* die völlig anderer Natur sind.

Wir haben nicht nur ein Bedürfnis nach einem Rahmen der Orientierung, der unserem Dasein einen Sinn gibt und den wir mit unseren Mitmenschen teilen können. Wir haben das Bedürfnis, unsere Hingabe an uns bestimmende Werte in Gemeinschaft mit andern durch Handlungen auszudrücken. Im weiten Sinn ist ein Ritual eine *gemeinsam vollzogene Handlung zum Ausdruck gemeinsamer Strebungen, die in gemeinsamen Werten wurzeln.*

Das rationale Ritual unterscheidet sich vom irrationalen vor allem durch seine Funktion: Es *wehrt* nicht verdrängte Impulse *ab,* es *drückt* im Gegenteil Strebungen *aus,* die das Individuum als wertvoll anerkennt. Folglich ist für es nicht die zwanghafte Qualität typisch, die für das irrationale Ritual so charakteristisch ist. Wenn das irrationale Ritual auch nur ein einziges Mal nicht ausgeführt ist, besteht Gefahr, daß das Verdrängte durchbricht; daher ist jeder Formfehler mit Angst verbunden. Ein Versäumnis in der Durchführung eines rational bedingten Rituals bringt keinerlei solche Konsequenzen mit sich. Die Unterlassung mag bedauert werden, doch wird sie nicht gefürchtet. Tatsächlich kann man die irrationale Natur eines Rituals stets an dem Grade erkennen, in welchem irgendwelche Verletzungen desselben Angst bewirken.

Einfache Beispiele weltlicher rationaler Rituale unserer Zeit sind Grußformeln, Beifallklatschen für einen Künstler, Totenverehrung und vieles andere.[1]

Religiöse Rituale sind keineswegs immer irrational. (Dem Beobachter, der ihren Sinn nicht kennt, erscheinen sie natürlich immer so.) Ein religiöses Waschritual kann als sinnvoller, rationaler Ausdruck einer inneren Läuterung ohne zwanghafte oder irrationale Komponenten verstanden werden, ein symbolischer Ausdruck unseres Wunsches nach innerer Reinheit in der Form eines Rituals zur Vorbereitung einer Handlung, die volle Konzentration und Hingabe erfordert. Ebenso können Rituale wie Fasten, religiöse Trauungszeremonien, Konzentrations- und Meditationsübungen völlig rational sein und bedürfen darum keiner Analyse außer derjenigen, welche aufhellt, was damit gemeint ist.

Ganz so, wie die symbolische Sprache des Traums und des Mythos eine besondere Form des Ausdrucks von Gedanken und Gefühlen durch Bilder von sinnlicher Wahrnehmbarkeit ist, so ist das Ritual ein sinnbildlicher Ausdruck von Gedanken und Gefühlen durch *Handlung*.

Der Beitrag, den die Psychoanalyse zum Verständnis von Ritualen leisten kann, besteht darin, daß sie die psychologischen Wurzeln für das Bedürfnis nach ritualistischen Handlungen aufzeigt, und daß sie unterscheidet zwischen solchen Riten, die zwanghaft und irrational sind und anderen, die der Ausdruck gemeinsamer Hingabe an unsere Ideale sind.

Welcher Art ist die heutige Situation hinsichtlich des ritualistischen Aspekts der Religion? Der praktizierende Religionsanhänger nimmt an den verschiedenen rituellen Gebräuchen seiner Kirche teil, und ohne Zweifel bildet gerade dieser Zug einen der bedeutsamsten Gründe für seinen Besuch des Gottesdienstes. Weil der moderne Mensch wenig Gelegenheit hat, Handlungen der Hingabe mit anderen zu teilen, übt jegliche Form

---

[1] Diese einfachen Rituale sind allerdings nicht notwendig so rational, wie die obige Erörterung sie erscheinen lassen mag. Zum Beispiel können bei Todesritualen ein größerer oder geringerer Anteil an verdrängten irrationalen Elementen das Ritual bestimmen: etwa Überkompensation für unterdrückte Feindseligkeit gegen gestorbene Personen oder eine Gegenwehr gegen heftige Todesangst oder auch magische Versuche, sich gegen diese Gefahr zu schützen.

des Rituals eine mächtige Anziehungskraft auf ihn aus, sogar dann, wenn sie von den hauptsächlichsten Gefühlen und Bestrebungen seines Alltagslebens völlig losgelöst ist.

Dieses Bedürfnis nach gemeinsamen Ritualen wird von den Führern autoritärer politischer Systeme sehr hoch eingeschätzt. Sie bieten neue Formen politisch gefärbter Zeremonien an, welche dieses Bedürfnis befriedigen und womit sie den Durchschnittsbürger an das neue politische Glaubensbekenntnis binden. Der moderne Mensch in demokratischen Kulturen kennt nicht viele sinnvolle Rituale. Darum kann es nicht überraschen, daß das Bedürfnis nach ritualistischer Praxis alle möglichen Formen angenommen hat. Komplizierte Rituale in Logen oder in Verbindungen mit patriotischen Huldigungen für den Staat, Höflichkeitsformeln und vielerlei anderes drücken dieses Bedürfnis nach gemeinsamen Handlungen aus, jedoch deuten diese Gewohnheiten häufig nur die Armseligkeit des Zieles der Hingabe und auf das Getrenntsein von jenen Idealen hin, die von Religion und Ethik offiziell anerkannt sind. Diese Anziehungskraft von Vereinen und Organisationen, ebenso die Aufmerksamkeit für richtigen Benimm gemäß Anstandsbüchern, all dies bietet überzeugende Beweise für das Verlangen des modernen Menschen nach einem Ritual und für die innere Leere derer, die es ausüben.

Dieses Bedürfnis nach einem Ritual ist unbestreitbar und wird weiterhin unterschätzt. Es scheint fast, als hätten wir nur noch die Wahl, Religionsanhänger zu sein oder in bedeutungslosen ritualartigen Gewohnheiten zu schwelgen oder schließlich dieses Bedürfnis überhaupt unbefriedigt zu lassen. Wenn Rituale leicht zu erfinden wären, so könnten neue humanistische erfunden werden. Dieser Versuch wurde von den Verkündern der »Religion der Vernunft« im achtzehnten Jahrhundert unternommen. Die Quäker haben in ihren rationalen humanistischen Ritualen etwas Ähnliches versucht; auch kleine humanistische Gemeinschaften haben es getan. Aber Rituale können nicht fabriziert werden. Sie hängen ab vom Vorhandensein genuiner und von allen geteilter Werte, und nur in dem Maße, in dem solche Werte sich Bahn brechen und mit der menschlichen Realität verweben, dürfen wir das Entstehen sinnvoller rationaler Rituale erwarten.

Mit dieser Erörterung der Bedeutung von Ritualen haben wir bereits den vierten Aspekt der Religion, den *semantischen*, berührt. Die Religion spricht sowohl in ihren Lehren als auch in ihren Ritualen eine andere Sprache als die unseres Alltagslebens, nämlich eine symbolische. Das Wesen derselben besteht darin, daß innere Erfahrungen gefühlsmäßiger oder gedanklicher Art ausgedrückt werden, als seien sie sinnliche Erfahrungen. Wir alle »sprechen« diese Sprache, sei es auch nur, während wir schlafen. Diese Sprache des Traumes ist keine andere als die, der wir in Mythen und im religiösen Denken begegnen. Die symbolische Sprache ist die einzig universale Sprache, die die menschliche Rasse kennt. Wir finden sie in Mythen, die vor fünftausend Jahren entstanden sind, und ebenso in den Träumen unserer Zeitgenossen. Es ist die gleiche Sprache in Indien und China wie in New York und Paris. (Vgl. J. Campbell, 1949.) In Gesellschaftsgebilden, in denen die oberste Sorge das Verständnis innerer Erfahrungen war, wurde sie nicht nur gesprochen, sondern auch verstanden. In unserer Kultur besteht sie zwar noch im Traum, aber sie wird selten verstanden. Dieser Mangel hat seinen Grund hauptsächlich darin, daß man den Inhalt der symbolischen Sprache für wirkliche Begebenheiten in der Welt der Dinge hält anstatt für den bildhaften Ausdruck seelischer Erfahrungen. Auf Grund dieses Mißverständnisses hat man Träume als sinnlose Erzeugnisse unserer Einbildungskraft angesehen und Mythen als kindische Vorstellungen von der Wirklichkeit aufgefaßt.

Es war Freud, der uns diese vergessene Sprache erschlossen hat. Mit seinen Bemühungen um Entzifferung der Traumsprache hat er den Weg zum Verständnis der Eigentümlichkeiten der symbolischen Sprache überhaupt eröffnet und ihre Struktur und Bedeutung aufgezeigt. zugleich hat er dargetan, daß die Sprache religiöser Mythen ihrem Wesen nach von der des Traumes nicht verschieden, das heißt, daß sie der sinnvolle Ausdruck bedeutsamer Erfahrungen ist. Wenn es auch wahr ist, daß seine Traum- und Mythendeutungen infolge seiner Überbetonung der Bedeutung des Sexualtriebs zu eng sind, so bleibt darum nicht weniger wahr, daß er die Grundlagen für ein neues Verständnis der religiösen Symbole im Mythos, im Dogma und im Ritual geschaffen hat. Wohl führt dieses Verständnis der

Symbolsprache noch nicht zur Religion zurück; es führt aber zu einer neuen Einschätzung der tiefen und bedeutungsvollen Weisheit, die in symbolischer Sprache in der Religion niedergelegt ist.

Die bisherigen Betrachtungen zeigen, daß die Antwort auf die Frage, wodurch die Religion heute bedroht ist, davon abhängt, welche spezifischen Aspekt der Religion wir im Auge haben. Das grundlegende Thema der vorangegangenen Kapitel ist die Überzeugung, daß das religiöse Problem nicht die Frage nach Gott, sondern die Frage nach dem Menschen ist; religiöse Formulierungen und Symbole sind Versuche, gewissen Arten menschlicher Erfahrungen Ausdruck zu verleihen. Den Ausschlag gibt dabei die Natur dieser Erfahrungen. Das Symbolsystem gibt uns nur den Schlüssel, mit dem wir die zugrundeliegende menschliche Realität erschließen können. Leider hat sich seit den Tagen der Aufklärung das religiöse Gespräch um die Bejahung oder Verneinung eines Glaubens an Gott gedreht anstatt um die Bejahung oder Ablehnung gewisser menschlicher Haltungen. »Glaubt ihr an das Dasein Gottes?« ist zur entscheidenden Frage der Religionsanhänger geworden, während die Gegner der Kirche die Leugnung Gottes in den Mittelpunkt stellten. Es dürfte leicht einzusehen sein, daß viele unter denen, die sich zum Glauben an Gott bekennen, in ihrer menschlichen Einstellung Götzenanbeter sind, und daß im Gegensatz dazu manche glühende »Atheisten«, die ihr Leben der Besserung des Loses der Menscheit und Taten der Brüderlichkeit und Liebe widmen, Glauben und eine tiefe religiöse Haltung bezeugt haben. Die Verlagerung des religiösen Gesprächs auf die Annahme oder Leugnung des Symbols Gott verhindert das Verständnis dafür, daß das religiöse Problem ein menschliches Problem ist und verhindert die Entwicklung einer solchen menschlichen Einstellung, die im humanistischen Sinne religiös genannt werden darf.

Es sind mancherlei Versuche gemacht worden, das Symbol Gott beizubehalten und ihm einen anderen Sinn zu geben, als die monotheistischen Religionen ihm traditionell zuschreiben. Eines der hervorragendsten Beispiele ist die Theologie Spinozas. Unter Gebrauch streng theologischer Terminologie gibt er eine Definition von Gott, die im Kern besagt, im Sinne der jüdisch-christlichen Überlieferung gebe es keinen Gott. Er war der spirituellen Atmosphäre, in der das Symbol Gott unentbehrlich schien, noch zu nahe, um der Tatsache gewahr zu werden, daß er in der Ausdrucksweise seiner neuen Definition die Existenz Gottes verneinte.

In den Schriften einer Anzahl von Theologen und Philosophen des neunzehnten Jahrhunderts bis in unsere Zeit kann man gleichartige Versuche finden, das Wort Gott beizubehalten, ihm jedoch einen völlig anderen Sinn zu geben, als es für die Propheten der Bibel oder die christlichen und jüdischen Theologen des Mittelalters hatte. Es bedarf keines Streites mit denen, die am Symbol »Gott« festhalten wollen, wenngleich es fraglich ist, ob es nicht einen erzwungenen Versuch bedeutet, an einem Symbol festzuhalten, dessen Bedeutung wesentlich geschichtlich bedingt ist. Wie sich dies auch verhalten möge, eines ist sicher: Der wahre Konflikt spielt sich nicht ab zwischen Gottgläubigkeit und Atheismus, sondern zwischen einer humanistischen religiösen Einstellung und einer Haltung, die dem Götzendienst gleichkommt, unabhängig davon, wie diese Haltung sich im bewußten Denken ausdrückt – oder verkleidet.

Sogar von einem streng monotheistischen Standpunkt aus ist der Gebrauch des Wortes Gott problematisch. Die Bibel besteht auf dem Verbot, sich in irgendeiner Form ein Bildnis Gottes zu machen. Zweifellos bedeutet der eine Aspekt dieses ausdrücklichen Befehls, daß es ein Tabu ist, um die Ehrwürdigkeit Gottes zu wahren. Ein anderer Aspekt hingegen ist der Gedanke, daß Gott ein Symbol für alles ist, was im Menschen liegt und was dennoch der Mensch nicht ist; ein Symbol einer geistig-seelischen Realität, die in uns zu verwirklichen wir streben können und die wir dennoch niemals beschreiben oder definieren können. Gott gleicht dem Horizont, der unserem Blick Grenzen setzt. Dem naiven Gemüt erscheint dieser als etwas Greifbares, und doch erweist er sich als Fata Morgana, wenn wir ihn fassen wollen. Wenn wir uns fortbewegen, bewegt sich auch der Horizont. Sobald wir auch nur einen kleinen Hügel erklimmen, weitet sich unser Horizont, aber er bleibt eine Begrenzung und wird niemals zu einem *Ding,* das man zu greifen vermag. Die Vorstellung, daß Gott nicht definiert werden kann, ist in der biblischen Erzählung von der Offenbarung Gottes an Moses deutlich ausgesprochen. Mit der Aufgabe betraut, zu den Kindern Israels zu sprechen und sie aus der Sklaverei in die Freiheit zu führen, sprach Moses, noch im Geist der Knechtschaft und des Götzendienstes, in dem sie lebten, zu Gott: »Ich werde also zu den Israeliten kommen und ihnen sagen: Der Gott eurer Väter hat mich zu euch gesandt. Sie aber werden mich fragen: Wie heißt er? Was soll ich ihnen da sagen? Gott antwortete Moses: *Ich bin der ›Ich-bin-da‹*. Und er fuhr fort: So sollst du zu den Israeliten sagen: Der ›Ich-bin-da‹ hat mich zu euch gesandt« (Ex 3,13 f.).

Der Sinn dieser Worte wird noch deutlicher, wenn wir uns enger an den hebräischen Text halten: »Ich bin der ›Ich-bin-da‹« *(ehje ascher ehje)*. Moses fragt Gott um seinen Namen, weil ein Name etwas ist, das man fassen und anbeten kann. Während der ganzen Geschichte vom Auszug hat Gott liebevolle Zugeständnisse an die götzenverehrende Einstellung der Kinder Israels gemacht, und so auch jetzt wieder, indem er Moses seinen Namen nennt. Doch in diesem Namen steckt eine tiefsinnige Ironie. Er drückt weit eher den Prozeß des Werdens aus als etwas Begrenztes, das man benennen kann wie ein Ding. Der Sinn des Textes würde genau wiedergegeben, wenn die Übersetzung lautete: »Mein Name ist *Namenlos*.«

In der Entwicklung der christlichen und jüdischen Theologie finden wir wiederholt Versuche, eine geläuterte Vorstellung von Gott zu gewinnen, indem man jede Spur einer positiven Beschreibung oder Definition Gottes unterließ (Plotin, Maimonides). Wie es der große deutsche Mystiker, Meister Eckhart, ausgedrückt hat: »Das was man sagt, daß Gott sei, das ist er nicht; was man nicht von ihm sagt, hat mehr Wahrheit als das, was man sagt, daß er sei« (zit. nach F. Pfeiffer, 1857).

Denkt man den Monotheismus mit seinen logischen Konsequenzen wahrhaft zu Ende, so kann es keinen Streit über das Wesen Gottes geben. Kein Mensch kann behaupten, eine solche Kenntnis von Gott zu haben, daß er befugt wäre, mit ihr seine Mitmenschen zu kritisieren oder zu verdammen oder zu behaupten, seine eigene Gottesvorstellung sei die einzig richtige. Die religiöse Intoleranz, die so charakteristisch ist für die westlichen Religionen und aus derartigen Ansprüchen stammt –

und, psychologisch gesprochen, ihre Wurzel in einem Mangel an Glauben oder an Liebe hat –, hat einen verheerenden Einfluß auf die religiöse Entwicklung gehabt. Sie hat zu einer neuen Form von Götzendienst geführt. Ein Bildnis von Gott, nicht in Holz oder Stein, sondern in Worten, wird errichtet, und die Menschen beten dieses Heiligtum an. Jesaja verwirft diese Verzerrung des Monotheismus in folgenden Worten:

>»Warum fasten wir, und du siehst es nicht?
Warum tun wir Buße, und du merkst es nicht?
Seht, an euren Fasttagen macht ihr Geschäfte
und treibt alle eure Arbeiter zur Arbeit an.
Obwohl ihr fastet, gibt es Streit und Zank,
und ihr schlagt zu mit roher Gewalt.
So wie ihr jetzt fastet,
wird eure Stimme droben nicht gehört.
Ist das ein Fasten, wie ich es liebe,
ist das ein richtiger Bußtag:
wenn man den Kopf hin- und herwiegt,
wie ein Schilfrohr sich wiegt,
und sich mit einem Sack und mit Asche bedeckt?
Nennst du das ein Fasten
und einen Tag, der dem Herrn gefällt?
Nein, das ist ein Fasten, wie ich es liebe:
die Fesseln Unschuldiger zu lösen,
die Stricke des Jochs zu entfernen,
die Versklavten freizulassen, jedes Joch zu zerbrechen,
den Hungrigen dein Brot zu geben,
die Armen aufzunehmen, die keine Wohnung haben,
wenn du einen Nackten siehst, ihn zu bekleiden
und deinen Bruder nicht im Stich zu lassen.
Dann wird dein Licht aufleuchten wie die Morgenröte,
und bald bist du geheilt.
Deine Rettung geht dir voran,
die Herrlichkeit des Herrn folgt dir nach« (Jes 58,3–8).

Das Alte Testament, insbesondere die Propheten, sie kümmerten sich ebensosehr um das Negative, den Kampf gegen die Götzendienerei, wie um das Positive, die Anerkennung Gottes.

– Bekümmert uns noch das Problem des Götzendienstes? Erst wenn wir gewisse »primitive« Götzenbilder aus Holz oder Stein finden, fällt er uns auf. Wir betrachten uns selbst als solche, die weit von solchem Götzendienst entfernt sind, und die das Problem des Götzendienstes gelöst haben, weil wir keines der traditionellen Symbole des Götzendienstes verehren. Wir vergessen, daß das Wesen des Götzendienstes nicht in der Anbetung dieses oder jenes Götzenbildes liegt, sondern daß er eine bestimmte menschliche Haltung darstellt. Diese kann umschrieben werden als die Vergöttlichung von Dingen, von bestimmten Aspekten der Welt, und als Unterwerfung des Menschen unter solche Dinge, im Gegensatz zu einer Haltung, mit der der Mensch sein Leben der Verwirklichung der höchsten Lebensideale, der Liebe und Vernunft widmet, und darum ringt, das zu werden, was er der Möglichkeit nach ist, ein Wesen, geschaffen als Ebenbild Gottes. Nicht *nur* Bildnisse aus Stein und Holz sind die Idole. Worte können Idole werden; Maschinen können Götzenbilder sein; Führer, der Staat, Macht und politische Gruppen können diese Rolle spielen. Die Wissenschaft oder die Meinung des Nachbarn über uns können zu Götzen werden – und Gott ist für viele ein Idol geworden.

Wiewohl es dem Menschen nicht gegeben ist, gültige Aussagen über das Positive, über Gott zu machen, ist es ihm möglich, etwas Bestimmtes über das Negative, über die Idole, auszusagen. Ist es nicht an der Zeit, den Streit über Gott zu begraben und uns statt dessen zu vereinen, um die Formen des Götzendienstes in unserer Zeit zu demaskieren? Heute sind es nicht Baal und Astarte, welche die kostbarsten geistig-seelischen Güter der Menschen bedrohen; vielmehr sind diese durch Vergöttlichung des Staates und der Macht in autoritären Ländern und in unserer Kultur durch Vergötzung der Maschine und des Erfolgs gefährdet. Ob wir Religionsanhänger sind oder nicht, ob wir an die Notwendigkeit einer neuen Religion glauben oder an eine Religion des Verzichts auf Religion oder an den Fortbestand der jüdisch-christlichen Traditionen – solange wir uns um das Wesen und nicht um die Schale kümmern, um die Erfahrung und nicht um das Wort, um den Menschen und nicht um die Kirche, können wir uns zusammentun in fester Ablehnung allen Götzendienstes und in dieser Negation vielleicht einen stärkeren gemeinsamen Glauben finden als in irgendeiner bejahenden Aussage über Gott. Und gewiß werden wir mehr Demut und mehr Nächstenliebe finden.

Anhang

Buber, M., 1949: Die Erzählungen der Chassidim. Zürich 1949 (Manesse Verlag)

Calvin, J., 1955: Unterricht in der christlichen Religion. Institutio Christianae Religionis. Übersetzt und bearbeitet von Otto Weber, Neukirchen 1955 (Verlag der Buchhandlung des Erziehungsvereins)

Campbell, J., 1949: The Hero with a Thousand Faces. New York 1949 (Bollingen Foundation, Inc.)

Dewey, J., 1934: A Common Faith. New Haven 1934 (Yale University Press)

Evans-Wentz, W. Y., 1945: Tibetan Yoga and Secret Doctrines. Herausgegeben von W. Y. Evans-Wentz. Oxford 1935 (Oxford University Press)

Freud, S: Gesammelte Werke (G. W.), Bände 1–17. London 1940–1952 (Imago Publishing Co.) und Frankfurt 1960 (S. Fischer Verlag)

–, 1927c: Die Zukunft einer Illusion. G. W. Band 14, S. 323–380

Fromm, E.: Gesamtausgabe (GA) in 10 Bänden. Herausgegeben von Rainer Funk. Stuttgart 1980/81 (Deutsche Verlags-Anstalt)

–, 1941a: Escape from Freedom: New York 1941 (Farrar & Rinehart). Deutsch: Die Furcht vor der Freiheit. Zürich 1945 (Steinberg); Frankfurt–Köln 1966 (Europäische Verlagsanstalt) GA I.

–, 1947a: Man for Himself. An Inquiry into the Psychology of Ethics. New York 1947 (Rinehart & Co)

– Psychoanalyse und Ethik. Zürich 1954 (Diana Verlag); Stuttgart 1979 (Deutsche Verlags-Anstalt)

– Psychoanalyse und Ethik. Bausteine zu einer humanistischen Charakterologie. GA II.

Göckel (Goclenius), R., 1590: Psychologia, hoc est, de hominis perfectione . . . Marpurgi 1590/1594

Griffith, R. T. H., 1897: The Hymns of the Rigveda. Übersetzt von Ralph T. H. Griffith, Varanasi 1897/1963 (E. J. Lazarus & Company)

Humphreys, Ch., 1949: Zen Buddhism. London 1949 (W. Heinemann)

James, W., 1929: The Varieties of Religious Experience. London 1929 (Lengmans, Green and Co.). Deutsch: Die religiöse Erfahrung in ihrer Mannigfaltigkeit. Leipzig 1914 (Verlag Hinrichs)

Jung, C. G., 1937: Psychologie und Religion. Terry Lectures 1937, überarbeitete deutsche Fassung, in: Gesammelte Werke Band 11, S. 1–117, Zürich/Stuttgart 1963 (Verlag Rascher).

Liebmann, J. L., 1946: Peace of Mind. New York (Simon and Schuster). Deutsch: Mach Frieden mit dir. Berlin 1948 (Ullstein/Kindler).

Macmurray, J., 1936: The Structure of Religious Experience. New Haven 1936 (Yale University Press)

Mullahy, P., 1948: Oedipus Myth and Complex. A Review of Psychoanalytic Theory. Einleitung von Erich Fromm, New York 1948 (Hermitage House, Inc.)

Pfeiffer, F., 1857: Meister Eckhart. 4. Auflage, Neudruck der Ausgabe von 1857, Göttingen 1924 (Vandenhoeck und Ruprecht)

Schweitzer, A., 1951: Verfall und Wiederaufbau der Kultur. Kulturphilosophie erster Teil. 10. Auflage, München 1951 (Beck Verlag)

Sheen, F. J., 1949: Peace of Soul. New York 1949 (Wittlesey House). Deutsch: Friede ohne Fragezeichen. Regensburg 1951 (Verlag Pustet)

Suzuki, D. T. 1934: An Introduction to Zen Buddhism. Kyoto 1934 (Eastern Buddhist Society). Deutsch: Die Große Befreiung. Einführung in den Zen-Buddhismus. Geleitwort von C. G. Jung, Leipzig 1939 (Verlag Weller)

Talmud, Baba Meçiâ: Der babylonische Talmud. Herausgegeben von L. Goldschmidt. Band VI, Den Haag 1933 (Verlag Martinus Nijoff)

Thompson, Cl., und Mullahy, P., 1950: Psychoanalysis: Evolution and Development. New York 1950 (Hermitage House, Inc.). Deutsch: Die Psychoanalyse. Ihre Entstehung und Entwicklung. Zürich 1952 (Pan-Verlag)

Von Erich Fromm in der DVA
eine Auswahl

Haben oder Sein
Die seelischen Grundlagen einer neuen Gesellschaft
Aus dem Amerikanischen übertragen von Brigitte Stein,
überarbeitet von Rainer Funk
220 Seiten

Die Kunst des Liebens
Aus dem Amerikanischen übertragen von Liselotte und Ernst Mickel
160 Seiten

Über die Liebe zum Leben
Rundfunksendungen herausgegeben von Hans Jürgen Schultz
184 Seiten

Märchen, Mythen, Träume
Eine Einführung in das Verständnis einer vergessenen Sprache
Aus dem Amerikanischen übertragen von Liselotte und Ernst Mickel
208 Seiten

Die Seele des Menschen
Ihre Fähigkeit zum Guten und Bösen
Aus dem Amerikanischen übertragen von Liselotte und Ernst Mickel
170 Seiten

Über den Ungehorsam
und andere Essays
Aus dem Amerikanischen übertragen von Liselotte und Ernst Mickel
169 Seiten

Erich Fromm Lesebuch
Bekannte und unbekannte Texte
Herausgegeben und kommentiert von Rainer Funk
224 Seiten

Erich Fromm
im dtv

Haben oder Sein
Die seelischen Grundlagen einer
neuen Gesellschaft
dtv 1490/dtv großdruck 25016

Erich-Fromm-Lesebuch
Herausgegeben und eingeleitet
von Rainer Funk
Eine konzentrierte und kompetente
Einführung in Erich Fromms
Denken und Leben und ein Über-
blick über die vielfältigen Aspekte
seines Werks. dtv 10912

Psychoanalyse und Ethik
Bausteine zu einer
humanistischen Charakterologie
Wie sich die gültigen Normen und
Werte zur Natur der menschlichen
Psyche verhalten. dtv 15003

Psychoanalyse und Religion
Erich Fromm formuliert seine
Ansichten zur Religion, die er nicht
im Widerspruch zur Psychoanalyse
sieht. dtv 15006

Über den Ungehorsam
Um die Menschheit besorgt plä-
diert Fromm für den notwendigen
Ungehorsam gegenüber falschen
Autoritäten. dtv 15011

Sigmund Freuds Psychoanalyse –
Größe und Grenzen
Eine kritische Auseinandersetzung
Erich Fromms mit seinem Lehrer
Sigmund Freud. dtv 15017

Über die Liebe zum Leben
Rundfunksendungen von Erich
Fromm – grundlegende Gedanken
zu gesellschaftlichen und psychischen Problemen. dtv 15018

Die Revolution der Hoffnung
Plädoyer für eine Renaissance des
Humanismus, in der die Technik im
Dienst der Menschheit steht.
dtv 15035

Die Seele des Menschen
Die Fähigkeit des Menschen zu
zerstören, Narzißmus und inzestuöse Fixierung. dtv 15039

Das Christusdogma
und andere Essays
Eine der wichtigsten religions-
kritischen Schriften Erich Fromms
und sieben weitere Aufsätze zu
Psychologie, Religion und Kultur.
dtv 15076

Arbeiter und Angestellte am
Vorabend des Dritten Reiches
Eine sozialpsychologische Unter-
suchung. dtv 4409

Erich Fromm
Gesamtausgabe
in zehn Bänden

Herausgegeben
von Rainer Funk

Insgesamt 4924 Seiten
im Großformat
14,5 x 22,2 cm
dtv 59003

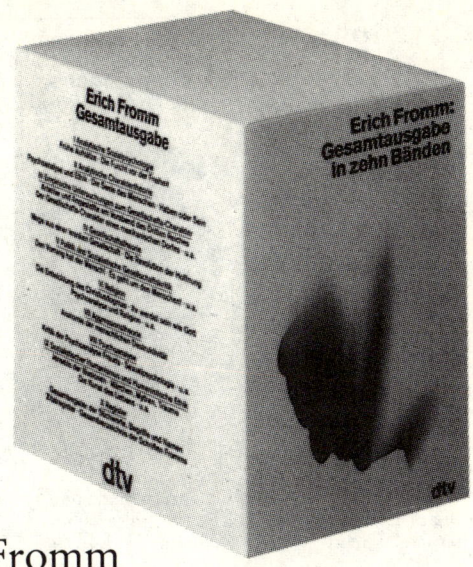

Das Werk
von Erich Fromm
im Taschenbuch für DM 198,– bei dtv

Erstmals liegt das Werk Erich
Fromms in einer sorgfältig edierten
und kommentierten Taschenbuch-
ausgabe vor. Die wissenschaftlich
zuverlässige Edition enthält die
zwanzig Werke Fromms und über
achtzig Aufsätze. Die durchdachte
und einleuchtende thematische
Zusammenstellung gibt dem Leser
Gelegenheit, Fromms geistiges
Umfeld, seine Auseinander-
setzungen und alle Facetten seines
Menschenbildes und seines Wirkens
kennenzulernen. Das erschöpfende
Sach- und Namensregister und die
Anmerkungen des Herausgebers
bieten wichtige Interpretations-
und Verständnishilfen und einen
wissenschaftlich einwandfreien
Apparat.

»Vielleicht zählt er für künftige
Interpreten dereinst zu den Wort-
führern jener dritten Kraft, die –
wie die großen Humanisten am
Ende der Glaubenskriege – durch
ihre mutigen Ideen dazu beitragen
können, daß wir insgesamt toleran-
ter und hilfsbereiter, bedürfnisloser
und friedfertiger werden.«

Ivo Frenzel

»Fromms Gesamtwerk mit der
unentwegten Bemühung um die
Entfaltung der produktiven
Lebenskräfte des Menschen weist
einen sicheren Weg in eine sinnvolle, humane Zukunft.«

Professor Alfons Auer

Psychologie

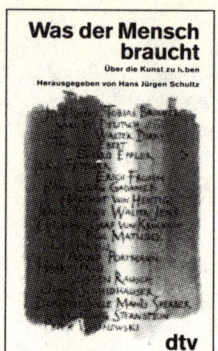

Detlef Berthelsen:
Alltag bei
Familie Freud
Die Erinnerungen
der Paula Fichtl
dtv 11130

K. R. Eisler:
Goethe
Eine psycho-
analytische Studie
1775 - 1796
2 Bände
dtv 4457

Viktor E. Frankl:
... trotzdem Ja zum
Leben sagen
Ein Psychologe erlebt
das Konzentrations-
lager
dtv 10023

Nancy Friday:
Eifersucht
Die dunkle Seite
der Liebe
dtv 11020

Werner D. Fröhlich:
Angst
Gefahrensignale und
ihre psychologische
Bedeutung · dtv 4395

Bernt Hoffmann:
Handbuch des
autogenen Trainings
Grundlagen, Technik,
Anwendung · dtv 11045

Jacques Lusseyran:
Das wiedergefundene
Licht
Die Lebensgeschichte
eines Blinden im fran-
zösischen Widerstand
dtv/Klett-Cotta 11141

Psychobiologie
Wegweisende Texte
der Verhaltens-
forschung von Darwin
bis zur Gegenwart
Herausgegeben von
Klaus R. Scherer,
Adelheid Stahnke
und Paul Winkler
dtv 4452

Horst-Eberhard
Richter:
Die Chance des
Gewissens
Erinnerungen und
Assoziationen
dtv 10970

Horst-Eberhard
Richter:
Leben statt Machen
Einwände gegen das
Verzagen
Aufsätze, Reden,
Notizen
dtv 11282 (August 1990)

L. Joseph Stone/
Joseph Church:
Kindheit und Jugend
Einführung in
die Entwicklungs-
psychologie
dtv 4299/4300

Was der Mensch braucht
Über die Kunst zu
leben
Herausgegeben von
Hans Jürgen Schultz
dtv 11142

**dtv-Atlas
zur
Psychologie**

Tafeln und Texte

Band 1

**dtv-Atlas
zur
Psychologie**

Tafeln und Texte

Band 2

**dtv
Wörterbuch
zur
Psychologie**

W. D. Fröhlich

Der zweibändige dtv-Atlas zur Psychologie bringt eine geordnete Übersicht über die Vielfalt der Erscheinungen dieses Gebiets und die Methoden ihrer Untersuchung. Das bewährte dtv-Atlas-System, die Einheiten aus ausführlichen Textseiten und dazugehörigen Farbtafeln, erweist sich auch bei der Psychologie als hilfreich und für die Abbildung menschlicher Verhaltensweisen als besonders geeignet.

Aus dem Inhalt des ersten Bandes:

Terminologie (Glossar psychologischer Fachwörter), Theoriegeschichte, Methodik, Statistik, Neuro-, Wahrnehmungs-, Gedächtnis-, Lern-, Aktivations-, Kognitions-, Kommunikations- und Emotionspsychologie. Register. dtv 3224

Aus dem Inhalt des zweiten Bandes:

Persönlichkeitspsychologie, Entwicklungs-, Sozial-, Massen-, Umwelt-, Tierpsychologie, Psychodiagnostik, Klinische, Angewandte und Kulturpsychologie. Begriffsverzeichnis. Bibliographie. Register für beide Bände. dtv 3225

Aus dem Nachdenken und Spekulieren über die Natur des beseelten Menschen ist heute die wissenschaftliche Psychologie mit ihrer naturwissenschaftlich geprägten Methodik geworden. Die vielen Schulen und Zweige der Psychologie haben zu einer differenzierten psychologischen Fachsprache geführt, deren wichtigste Begriffe in diesem Wörterbuch erläutert werden.

Über 2200 Stichwörter, mit Literaturangaben. Englisch-deutsches Verweisregister, ausführliche Bibliographie sowie eine Einführung in Geschichte, Gegenstandsbereiche und Studienaufbau der Psychologie. dtv 3285

»Vater werden ist nicht schwer,
Vater sein dagegen sehr.«

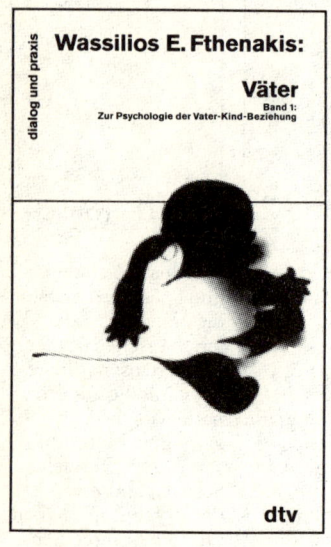

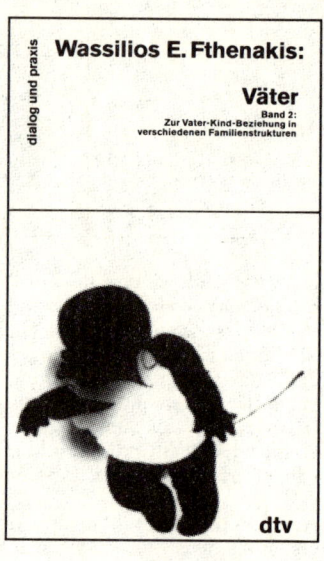

Wilhelm Busch hat schon vor über hundert Jahren auf den Punkt gebracht, daß Vater-Sein mehr impliziert als die Rolle des Erzeugers oder allenfalls Ernährers eines Kindes. Wassilios E. Fthenakis unterzieht die gesamte in- und ausländische Vater-Forschung einer systematischen und kritischen Analyse. Der Leser erfährt wissenschaftlich höchst Fundiertes zur Psychologie der Vater-Kind-Beziehung: zur väterlichen Rolle während der Schwangerschaft und der Geburt, zum väterlichen Einfluß auf die Entwicklung des Kindes und zu den konstituierenden Faktoren der Bindung zwischen Vater und Kind, die im Vergleich zur Mutter-Kind-Bindung viel zu lange vernachlässigt wurde. Mit Blick auf die heutige Industriegesellschaft, in der bereits zwanzig Prozent der Kinder ohne ihren Vater aufwachsen, widmet sich der Autor im zweiten Band der Vater-Rolle in modernen Familienstrukturen – dem Vater nichtehelicher Kinder, dem nichtsorgeberechtigten Vater, dem alleinerziehenden Vater und dem Vater in Stieffamilien. Er regt damit dazu an, auch über die zentralen familienpolitischen Fragen nachzudenken.
dtv 15046 / 2 Bände